Engelbert Kötter

Rennmäuse

Mitarbeit: Ehrenfried Ehrenstein
Fotos: Christine Steimer
Zeichnungen: Renate Holzner

INHALT

TYPISCH RENNMÄUSE

- **Besonders neugierig.**
- **Überaus lebhaft.**
- **Tag- und nachtaktiv.**
- **Vergleichsweise leicht zu pflegen.**
- **Riechen nicht unangenehm.**
- **Werden leicht zutraulich.**
- **Kind- und erwachsenengerecht.**
- **Besser nie als Einzeltier halten.**
- **Sehr vermehrungsfreudig.**
- **Zahlreiche interessante Farbrassen.**

Die putzigen Rennmäuse mit ihren runden Knopfäuglein ziehen immer mehr Heimtierfreunde in ihren Bann. Grund dafür ist jedoch nicht nur ihr possierliches Äußeres, sondern auch ihr besonders lebhaftes Wesen und ihr interessantes Verhalten, das sie vor allem dann zeigen, wenn sie zusammen mit Artgenossen gehalten werden. Rennmäuse bauen beispielsweise in Gemeinschaftsarbeit mit Artgenossen ihr Nest, wobei die einzelnen Aufgaben genau unter den Sippenmitgliedern verteilt sind. Die natürliche Neugierde der Rennmäuse macht es dem Rennmaushalter leicht, die Tiere rasch zutraulich und handzahm zu machen.

ENTSCHEIDUNGSHILFEN

1 Rennmäuse werden etwa drei Jahre alt. Das bedeutet für Sie: rund drei Jahre Pflege und Verantwortung.

2 Rennmäuse sind besonders lebhaft, zum Teil auch nachts. Stört Sie das?

3 Der Kontakt zum Artgenossen ist wichtig. Halten Sie eine Rennmaus besser nicht als Einzeltier.

4 Wenn Sie sich für ein Pärchen entscheiden, müssen Sie mit Rennmausnachwuchs rechnen. Ein Wurf kann aus bis zu 11 Jungen bestehen.

5 Ein geräumiger Käfig mit viel Platz zum Toben und Klettern ist ein Muß. Ein solcher Käfig hat seinen Preis. Rennmäuse brauchen trotzdem gelegentlichen Auslauf in der Wohnung. Wollen Sie den gewähren?

6 Für Kinder können Rennmäuse ideale Heimtiere sein. Sind Ihre Kinder bereits im Schulalter und in der Lage, ihre Tiere ohne Aufsicht zuverlässig zu versorgen?

7 Haben Sie jemanden, der für Sie bei längerer Abwesenheit die Tierpflege übernimmt?

8 Sind Sie bereit, falls erforderlich, mit dem kranken Tier einen Tierarzt aufzusuchen?

9 Sind Sie sicher, daß kein Mitglied Ihrer Familie an einer Tierhaarallergie leidet (→ Wichtige Hinweise, Seite 63)?

10 Katzen haben Rennmäuse zum Fressen gern. Achtung also, wenn Sie bereits einen »Stubentiger« haben.

Rennmäuse lieben Gesellschaft

Rennmäuse sind nicht nur als Heimtiere für Familien bestens geeignet. Sie leben auch selbst gerne in Gruppen. Wollen Sie die Tiere artgerecht halten, sollten Sie ihnen die Gemeinschaft mit Artgenossen unbedingt ermöglichen. Ein ausreichend großer Käfig, am besten ein Etagenkäfig, ist dann jedoch die wichtigste Voraussetzung.

✔ Es sollten mindestens zwei Tiere zusammen leben. Damit die Zweisamkeit lange Bestand hat, achten Sie von Anfang an auf etwa gleichaltrige Tiere.

✔ Besonders gleichaltrige Geschwister vertragen sich recht gut – Brüder übrigens besser als Schwestern. Drei Tiere gleichen Geschlechts streiten jedoch schnell.

✔ Am besten vertragen sich Pärchen. Und das so gut, daß sich immerzu Nachwuchs einstellt. Dadurch wird der Rennmauskäfig rasch zu klein und Sie werden bald keine Abnehmer mehr für Ihre Jungtiere finden.

✔ Rennmäuse über einen längeren Zeitraum in einem wachsenden Familienverband zu erleben, ist allerdings für Beobachtungen sehr interessant. Dies ist aber nur erfahrenen Rennmaushaltern anzuraten. Wenn die Rennmausfamilie zu groß wird – ab etwa 10 bis 15 Tiere – können nur ein Käfigverbundsystem oder mehrere getrennte Einzelkäfige genügend Platz bieten (→ Seite 17).

✔ Bei der Gewöhnung von bislang fremden Einzeltieren aneinander kann es zu Problemen kommen, denn eine Gewöhnung gelingt nicht immer (→ Seite 11).

ANSCHAFFUNG UND EINGEWÖHNUNG

Nach der richtigen Eingewöhnung fühlen sich die niedlichen Rennmäuse schnell bei Ihnen heimisch. Die unbändige Neugierde und das quirlige Temperament der liebenswerten Nager bringen »Leben« ins Haus und lassen keine Langeweile aufkommen.

»Krieger mit Krallen«

Ihr vollständiger deutscher Name lautet: »Mongolische Rennmaus«, früher auch »Mongolische Wüstenrennmaus«, um sie von der Vielzahl der anderen, über 100 Rennmausarten in Afrika und Asien zu unterscheiden.
Meriones unguiculatus ist die korrekte zoologische Bezeichnung für die Rennmaus.
Beide Namen, sowohl der zoologische als auch der deutsche, sagen einiges über die interessanten Nager aus:
Meriones stammt aus dem Griechischen und bedeutet soviel wie »Krieger«. Meriones war der Name des persischen Kriegsgottes. Er soll einen mit Wildschweinhauern besetzten Helm getragen haben. Die Benennung der Art, *unguiculatus*, stammt aus dem Lateinischen und heißt übersetzt »mit Krallen«. *Meriones unguiculatus* ist also der »Krieger mit Krallen«, eine sehr kämpferisch anmutende Bezeichnung für ein so zutrauliches Tier wie die Rennmaus. Sie wird nur dann zum »Krieger«, wenn sie sich gegen Rivalen im Revier wehren muß. Ganz selten kann es auch einmal vorkommen, daß sie in den Finger ihres Pflegers zwickt, jedoch nur dann, wenn sie vorher geärgert wurde.
Der deutsche Name der Rennmaus weist auf die Mongolei als Herkunftsland der possierlichen Nager hin. Dort leben sie in den Steppen und Halbwüsten des Südens, bis nach Nordchina hinein. Das Klima hier wird geprägt durch heiße Sommer und trocken-kalte Winter.
Die Bezeichnung »Rennmaus« besagt, daß die Tiere neben spielerischem Tollen in freier Wildbahn auch ein lebensnotwendiges Fluchtverhalten zeigen. Bei Gefahr suchen sie blitzschnell Deckung.
Mit Mäusen haben Rennmäuse jedoch wenig zu tun. Zoologisch zählen diese niedlichen Nager eher zu den Wühlern, sind also mit unseren einheimischen Hamstern und Feldmäusen näher verwandt als mit den Hausmäusen. Und weil Rennmäuse mit ihrem dickeren Fell und der bequasteten Schwanzspitze auch gar nicht mäuseartig aussehen, viel eher wie beispielsweise die Bilche Siebenschläfer und Haselmaus wirken, können auch solche Menschen Spaß an ihnen haben, die sonst vor »echten« Mäusen zurückschrecken.

Bereits mit sechs Wochen sind junge Rennmäuse völlig selbständig und werden zu eigenständigen Mitgliedern der Sippe.

Wo Sie Rennmäuse bekommen

Da Rennmäuse als Heimtiere immer beliebter werden, ist es relativ einfach, diese munteren Nager zu bekommen. Die wichtigsten »Rennmausquellen« sind Zoofachhandel und Züchter.

Zoofachhandel: Die meisten Zoofachgeschäfte und Zoofachabteilungen großer Kaufhäuser haben Mongolische Rennmäuse im Angebot. Am ehesten verbreitet sind dabei die wildfarben braunen (agoutifarbenen) Tiere. Der Zoofachhändler hilft Ihnen auch, aus dem reichhaltigen Angebot an Käfigen, Zubehör und Futtersorten das Richtige auszuwählen.

Züchter: Vor allem, wenn Sie selbst züchten möchten, bietet sich der Einkauf beim Züchter an. Er kann Ihnen geeignete Zuchtpartner zusammenführen und kennt Alter, Geschlecht und die Zuchtlinien seiner Tiere genau. Oftmals hat er auch die Möglichkeit, seltenere Farbschläge zu besorgen. Allerdings kann es mühsam sein, einen Züchter in der Nähe Ihres Wohnortes zu finden. Züchteradressen finden Sie in Fachzeitschriften und im Internet (→ Seite 14).

Bekanntenkreis: Wer Rennmausnachwuchs zu verzeichnen hat, wird meist versuchen, überzählige Jungtiere in liebevolle Hände abzugeben. In der Regel bekommt man solche Tiere kostenlos. Achten Sie bei der Auswahl aber dennoch auf alles, was auch im Falle eines Kaufs wichtig ist (→ Seite 15).

Zeitungsinserate: Hier werden Rennmäuse oft kostenlos, zumindest aber sehr kostengünstig angeboten. Ob es sich bei diesen Tieren um gesunde, gut gepflegte Tiere handelt oder ob es alte, verwahrloste oder sogar kranke Tiere sind, müssen Sie sich vor Ort genau anschauen. Haben Sie bereits Rennmäuse, besteht die Gefahr, daß »Neuzugänge« Ungeziefer oder Krankheiten einschleppen. Hier empfehle ich eine Quarantäne der Neulinge von etwa vier Wochen in einem separaten Käfig.

Hinweis: In Zeitungsanzeigen tauchen oft die Namen »Springmäuse« oder »Gerbile« auf, obwohl es eigentlich um Mongolische Rennmäuse geht. Echte Springmäuse sind jedoch eher selten. Sie sind leicht durch ihre besonders langen, känguruhartigen Sprungbeinen zu unterscheiden. »Gerbil« dagegen ist der Oberbegriff für alle Rennmausarten. Es kann sich also auch um z. B. eine selten zu bekommende afrikanische Art handeln, statt um die mongolische.

Rennmäuse nicht einzeln halten!

In der Natur leben die Rennmäuse in größeren Familienverbänden. Auch als Heimtier brauchen sie unbedingt den Kontakt zu Artgenossen. Die gegenseitige Fellpflege beispielsweise ist für das Wohlbefinden der Rennmäuse sehr wichtig. Sie befriedigen so ihr angeborenes Bedürfnis nach Sozialkontakt. Auch

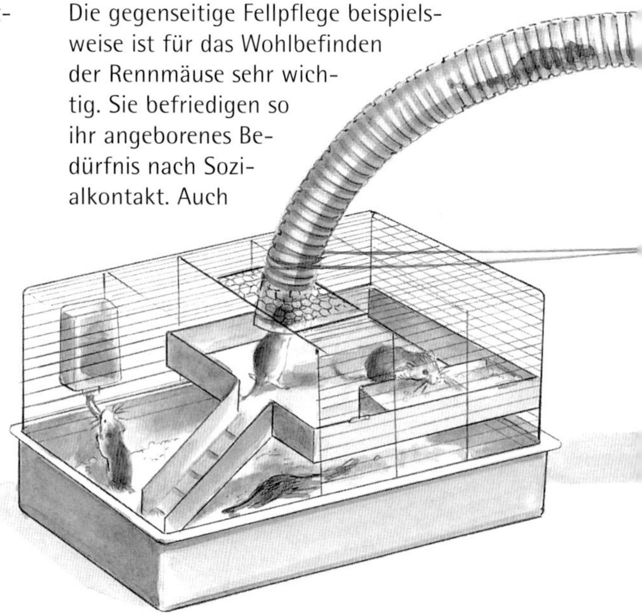

Solch ein Käfigverbundsystem bietet einer Rennmaussippe genügend Platz. Die Verbindungen zwischen den einzelnen Käfigen bestehen aus Drainagerohren (→ Seite 17).

während des Schlafes fühlen sie sich nur wohl, wenn sie sich aneinander kuscheln können. Rennmäuse, die geselligen Umgang mit Artgenossen haben, finden übrigens auch zu ihrem Pfleger leichter Kontakt. Einzelhaltung kann die Tiere scheu machen und zu Verhaltensstörungen wie ständiges Gitternagen und Schreckhaftigkeit führen. Selbst wenn Sie sich mit einem Einzeltier liebevoll beschäftigen, können Sie ihm den Artgenossen nicht ersetzen!

Wenn Sie bereits ein Einzeltier haben

Haben Sie nur eine Rennmaus gekauft oder ist ein Rennmauspartner gestorben, so ist es schwierig, dieses Einzeltier an einen neuen Partner zu gewöhnen. Fremde Rennmäuse werden instinktiv verbissen, das bedeutet in engen Käfigen ohne Fluchtmöglichkeiten oft den Tod des schwächeren Tieres. Zum Aneinandergewöhnen eignet sich am besten ein Jungtier. Dies wäre jedoch über kurz oder lang wiederum alleine, nämlich dann, wenn das ältere Tier stirbt.

Das Aneinandergewöhnen zweier Rennmäuse gelingt mit dieser Methode sehr häufig:

✔ Trennen Sie einen kleinen Käfig (20 x 30 cm) in der Mitte mit einem fest sitzenden Maschendraht (Maschenweite ca. 12 mm).

✔ Setzen Sie je eine Rennmaus in eine der Käfighälften und tauschen Sie sie zweimal täglich in das jeweils andere »Abeil« um.

✔ Nach etwa zwei Tagen kann man meist die Tiere zusammensetzen - sofern es keinen Streit mehr gibt. Andernfalls warten Sie besser noch einen Tag.

✔ Setzen Sie immer die »aggressivere« Rennmaus zum friedlicheren.

✔ Flammt wieder Streit auf, trennen Sie die Tiere und warten einen weiteren Tag (weiterhin zweimal täglich die Käfighälften wechseln).

✔ Bleiben die Tiere beim Zusammensetzen friedlich, beobachten Sie sie noch einen Tag lang. Setzen Sie danach beide in einen sauberen entsprechend großen Käfig (→ Seite 14).

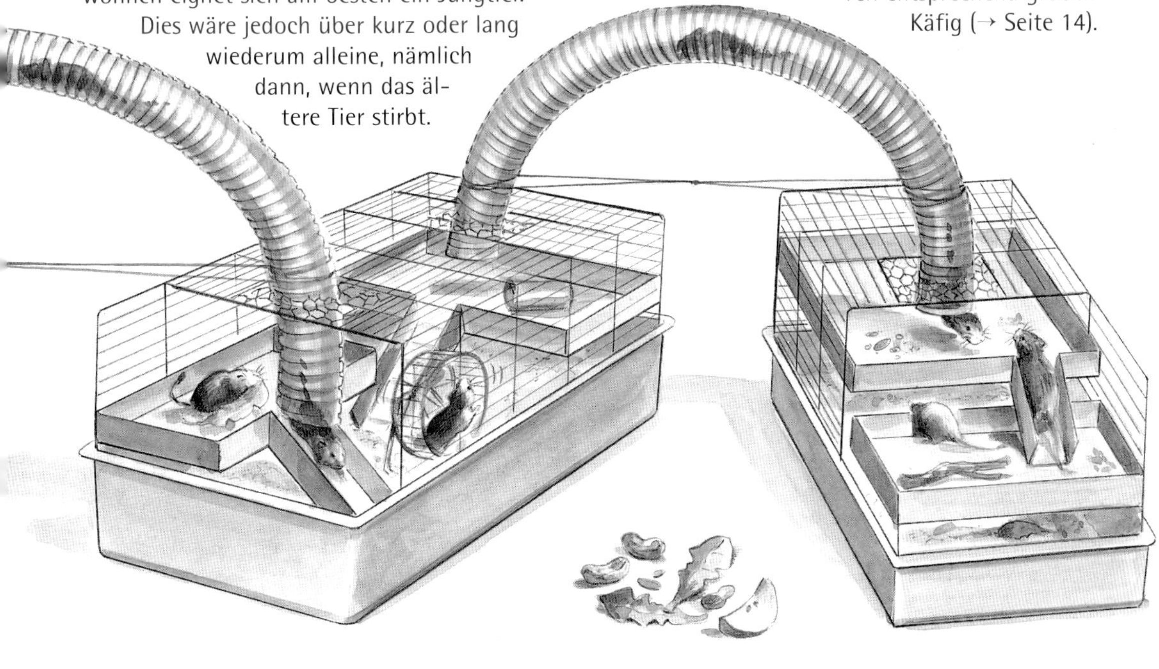

IM PORTRÄT: RENNMÄUSE

Inzwischen haben Züchter auch verschiedene Farbvarianten der Rennmäuse herausgezüchtet. Neben den wildfarbenen Tieren mit braunem Fell gibt es zahlreiche Zuchtformen mit unterschiedlichen Fellfarben und Zeichnungsarten.

Foto rechts: Gescheckt wirken Rennmäuse noch temperamentvoller, als sie von Natur aus sowieso schon sind.

Tiere mit schwarzem Fell haben mitunter ein weißes »Lätzchen«.

Foto oben: Dies ist ein Tier mit wildfarbenem Fell. In der Fachsprache nennt man diese Fellfarbe »agouti«.

Foto links: Diese Farbvariante heißt Colourpoint Marder. Sie wirkt sehr edel.

»Kohlfuchs« nennt man diese attraktiv gefärbte Zuchtform.

Foto oben: Zu den früh entstandenen Farbschlägen zählt die Rennmaus mit goldfarbenem Fell.

Foto oben: Auch bei Rennmäusen gibt es (Teil-)Albinos, Tiere mit weißem Fell und roten Augen, gelegentlich mit Farbpigmenten im Schwanz.

Foto oben: »Algierfuchs« heißt diese, an Wüstensand erinnernde, Farbspielart

TIP

Rennmäuse im Internet

Wenn Sie sich Rennmäuse anschaffen möchten, ist der Rat Gleichgesinnter immer interessant. Ganz aktuelle Hinweise und Kontakte zu anderen Rennmausfans finden Sie in Fachzeitschriften (→ Seite 62), aber auch im Internet. Schauen Sie sich einmal in aller Ruhe eine Homepage an oder »surfen« Sie genüßlich durch die Szene. Interessante Fakten können Sie auf den eigenen Rechner laden oder selbst eine Nachricht hinterlassen – das alles geht im »globalen Dorf«. Wählen Sie den Einstieg über eine Suchmaschine, z. B.: http://www.yahoo.de. Dann finden Sie alles weitere unter den Stichworten »Rennmaus«, »Rennmäuse« oder »gerbil«, der englischen Bezeichnung für Rennmaus.

Die richtige Unterbringung

In ihrer Heimat leben die Rennmäuse zum Teil unter der Erde. Sie graben sich Höhlen- und Gangsysteme bis zu 110 cm tief. Trotzdem ist die Käfighaltung vertretbar, wenn Sie die Lebensansprüche der Rennmäuse ausreichend berücksichtigen. Weil sie so quicklebendig sind, sollte man ihrem Drang nach Aktivität durch die Auswahl des richtigen Käfigs – oder sogar Käfigverbundsystems - Rechnung tragen (→ Zeichnung, Seite 10/11).

Für die Unterbringung geeignet sind Gitterkäfige, Aquarien ebenso wie Terrarien, solange sie ausreichend groß sind und sich in mehrere Lebensbereiche unterteilen lassen. Diese Unterteilung entspricht dem Verlangen der Rennmäuse, verschiedenen Aktivitäten wie z. B. Schlafen, Fressen, Putzen oder Tollen gerne an unterschiedlichen Plätzen nachzugehen. Hinzu kommt, daß größere Rennmausheime nicht so häufig gereinigt werden müssen (→ Seite 27) und die Tiere sich in solchen Käfigen nachweislich lebhafter verhalten.

Erfahrungswerte für Mindestkäfiggrößen sind folgende Maße, Auslauf jeweils vorausgesetzt:
Bis 2 Tiere = 1 Käfig, 30 x 55 cm,
bis 5 Tiere = 2 Käfige, je 30 x 55 cm,
bis 9 Tiere = 3 Käfige, je 30 x 55 cm,
bis 15 Tiere = 3 Käfige, je 40 x 60 cm.

Hinweis: Hier noch ein Tip für einen »Käfigvergrößerungstrick«. Neben dem Käfigverbundsystem können Sie auch in einem Einzelkäfig die Grundfläche für die Rennmäuse vergrößern, indem Sie zusätzlich 1 bis 2 Etagen einziehen. Die Etagen müssen jedoch so stabil verankert sein, daß sie nicht zusammenstürzen und die Tiere sich nicht verletzen können.

Gitterkäfige

Sie werden auch unter dem Namen »Kleintierheim« im Zoofachhandel angeboten. Wählen Sie Käfige ab mindestens 25 cm Höhe, wie etwa für Hamster angeboten. Allerdings soll der Gitterabstand maximal 12,5 mm betragen, sonst könnten Jungtiere flüchten.

Die Gitterhaube muß ganz auf der Bodenwanne aufliegen, darf also nicht nur von einigen wenigen Kunststoffstützen getragen sein. Die werden nämlich ruckzuck abgenagt, die Haube sitzt dann schief, der Käfig wird instabil. Eine große Eingriffsöffnung in der Gitterhaube erleichtert Ihnen das Füttern aus der Hand, wodurch Sie die Rennmäuse zahm machen können. Auch das Einfangen der Tiere und das Käfigreinigen werden damit erleichtert.

Kleintierheime mit möglichst hoher Bodenwanne sind am besten geeignet, weil sie verhindern, daß beim wilden Scharren der Rennmäuse in

10 Goldene Regeln
für den Kauf

1 Kaufen Sie am besten gleich zwei Tiere aus einem Käfig. Diese beiden kennen sich schon. Sie ersparen sich so das schwierige Aneinandergewöhnen (→ Seite 11).

2 Achten Sie darauf, daß die Rennmäuse gesund sind und der Käfig, in dem sie gehalten werden, sauber ist.

3 Wenn die Tiere gerade schlafen, sollten sie nach dem Wecken rasch munter sein.

4 Die Augen der Rennmäuse müssen klar und weit offen sein.

5 Das Fell soll sauber und glänzend sein. Es darf keine kahlen Stellen aufweisen (→ Eitrige Hautkrankheiten, Seite 55).

6 Die Rennmäuse müssen frei von Parasiten sein. Beobachten Sie die Tiere eine Weile, ob sie sich auffällig oft kratzen.

7 Füße und After sollten keinesfalls kotverschmiert sein.

8 Die Rennmäuse dürfen keine Wunden oder Brüche haben. Brüche (z. B. nach Stürzen) erkennen Sie am gestörten Bewegungsablauf oder an deutlich verbogenen Gliedmaßen.

9 Die gekauften Rennmäuse sollten nicht jünger als sechs Wochen sein. Am günstigsten ist ein Alter von acht bis zehn Wochen.

10 Wie alt eine Rennmaus ist, läßt sich an der Länge des Schwanzes abschätzen. In den ersten sechs Lebenswochen wächst er rasch auf eine Länge von sechs bis sieben Zentimetern heran, wächst dann langsamer und erreicht im Alter von einem Jahr die Länge von elf Zentimetern.

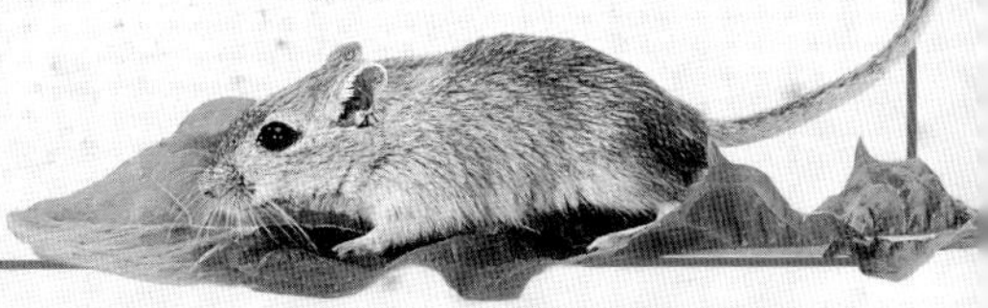

der Einstreu allzu viel davon im Zimmer umherfliegt und Schmutz verursacht.
Übrigens lassen sich Bodenwannen mit abgerundeten Innenecken leichter reinigen.
Hinweis: Wenn Sie die Wahl haben, ziehen Sie immer Käfige vor, in denen sich mehrere Etagen einrichten lassen. Denn Rennmäuse mögen es besonders, wenn sie ihre Lebensbereiche unterteilen können.

Aquarien und Terrarien

Sie sind ab einer Höhe von 30 cm und einer Grundfläche von 60 x 30 cm geeignet. Wichtig ist hierzu eine passende, fest aufliegende Maschendrahtabdeckung (empfohlene Maschenweite ca. 12,5 cm), damit die Rennmäuse nicht aus ihrem Heim hinausspringen können, gleichzeitig aber genug Frischluft bekommen.

In einem geräumigen Käfig mit Laufrad können sich die Rennmäuse austoben.

Die Vorteile dieser Behältnisse gegenüber einem Gitterkäfig liegen vor allem in der Hygiene, denn Aquarien und Terrarien sind leicht und gründlich zu reinigen. Außerdem stören keine Gitter das Betrachten der Tiere, das nervige Gitternagen, das Rennmäuse oft zeigen, bleibt aus, und die Einstreu kann nicht herausgescharrt werden. Zudem ist es möglich, die Einstreu höher aufzufüllen, was der natürlichen Veranlagung der Rennmäuse, Gänge zu buddeln, sehr entgegen kommt (→ Seite 29).
Die Nachteile bestehen darin, daß z. B. Trinkflaschen schwerer zu befestigen sind und Sie nach dem Auslauf Hilfe anbieten müssen, beispiels-

weise in Form von Rampen, damit die Rennmäuse bequem in ihre Behausung zurückkrabbeln können.

Käfigverbundsystem

Mit dieser Haltungsvariante gönnen Sie den Rennmäusen das größte Vergnügen (→ Zeichnung, Seite 10/11). Hier entwickeln die Tiere am ehesten ihre faszinierenden natürlichen Verhaltensweisen in ganzer Vielfalt.

<u>So bauen Sie ein Käfigverbundsystem:</u>

✔ Jedes Kleintierheim bzw. Aquarium oder Terrarium kann in ein Käfigverbundsystem eingebaut werden.

✔ Die Anzahl der benötigten Einzelkäfige bestimmen Sie anhand der Zahl der Tiere, die Sie zusammen halten möchten (→ Seite 14).

<u>Zum Verbinden zweier Käfige benötigen Sie:</u>

✔ ca. 80 cm Kunststof -Drainagerohr mit einem Durchmesser von 80 mm,

✔ Maschendraht (Maschendurchmesser maximal 12,5 cm). Das Stück Maschendraht muß ausreichend groß sein, um die Käfigtüren mit 2 cm Überlappung abzudecken.

✔ 1 Rolle Bindedraht.

Die Materialien bekommen Sie im Baumarkt bzw. Eisenwarenfachhandel.

Biegen Sie das Drainagerohr L- bzw. U-förmig und befestigen Sie es in dieser Stellung mit dem Bindedraht. Schneiden Sie den Maschendraht passend zu, damit er die betreffende Käfigöffnung so abdeckt, daß sie um 2 cm vom Draht überlappt wird. In dieses Paßstück schneiden Sie mittig einen Kreis mit dem Durchmesser des Drainagerohrs aus. Jetzt die beiden Rohrenden auf die jeweiligen Käfigöffnungen setzen und sie mit der Maschendrahtüberlappung (für die Tiere flucht- und verletzungssicher) verschließen. Die Rohröffnungen nur so hoch über die Einstreu legen, daß die Rennmäuse bequem hineinschlüpfen können.

Checkliste
Ausstattung

1 Käfig von mindestens 30 x 55 cm Fläche, mit möglichst hoher Bodenwanne. Wahlweise Aquarium oder Terrarium von mindestens 30 x 60 cm Fläche.

2 Für ein Käfigverbundsystem: Drainagerohr, Maschendraht und Bindedraht (→ links).

3 <u>Grundeinstreu:</u> Kleintierstreu oder Sandkastensand 3 cm hoch (1/3 kann aus Katzenstreu bestehen). <u>Aufbaueinstreu:</u> Materialien zum Zernagen (→ Seite 30) <u>Nisteinstreu:</u> Heu oder Papiertaschentücher, ungefärbtes Toilettenpapier (keine Hamsterwatte, da sich Rennmäuse darin verheddern können!).

4 Trinkflasche zum Aufhängen, Freßnapf kann, muß aber nicht sein.

5 Zum Nagen: Heu, Stroh, Zweige Grünfutter (→ Seite 34), Pappkarton, weiche Holzbrettchen.

6 Zum Klettern: kippsicher aufgestellte, saubere Steine, Holz- und Borkenstücke.

7 Zum Rennen: Ein Laufrad.

PRAXIS EINGEWÖHNUNG

Der richtige Platz für den Käfig
Wählen Sie für Ihre Rennmäuse einen hellen, trockenen Platz in der Wohnung. Pralle Sonneneinstrahlung, besonders Albinos sind sehr empfindlich gegen Sonnenlicht, muß durch entsprechende Abschattung (Store, Rollo) vermieden werden. Die ideale Raumtemperatur liegt zwischen 15 °C und 25 °C. Die Feinabstimmung der Temperatur richten sich die Rennmäuse durch Öffnen und Schließen ihres Nestes selbst ein. Zu hohe Luftfeuchtigkeit verursacht ein struppiges Fell der Tiere und führt zu erhöhter Krankheitsanfälligkeit.

Vermeiden Sie zugunsten der Rennmäuse:
- ✔ Zugluft,
- ✔ Küchendunst,
- ✔ Zigarrettenqualm,
- ✔ ständige Unruhe und laute Musik.

Günstig für Sie wirkt sich ein Platz als Käfig-Standort aus, an dem
- ✔ herausgescharrte Einstreu nicht stört,
- ✔ Ihre nächtliche Ruhe durch Aktivitäten der Rennmäuse nicht beeinträchtigt wird,
- ✔ Sie häufig vorbeikommen und so ständig Kontakt zu den Tieren haben und Kontrolle und Übersicht über sie behalten.

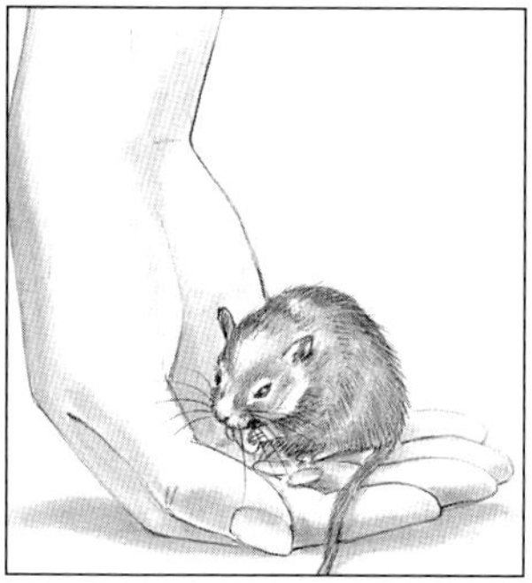
Zum Aufnehmen die Rennmaus mit Futter auf die Hand locken.

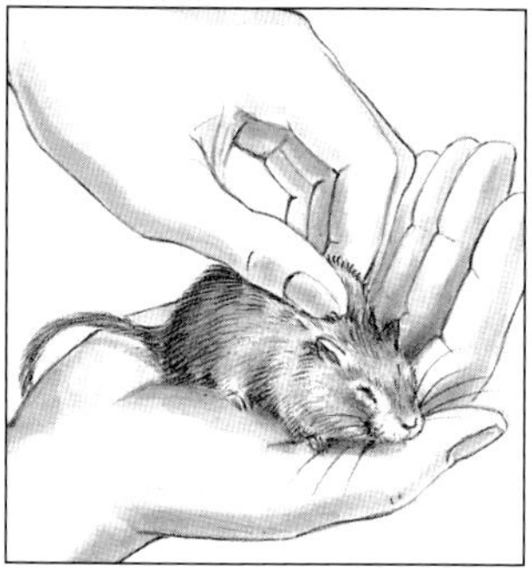
Festgehalten wird das Tier am Rücken- bzw. Nackenfell.

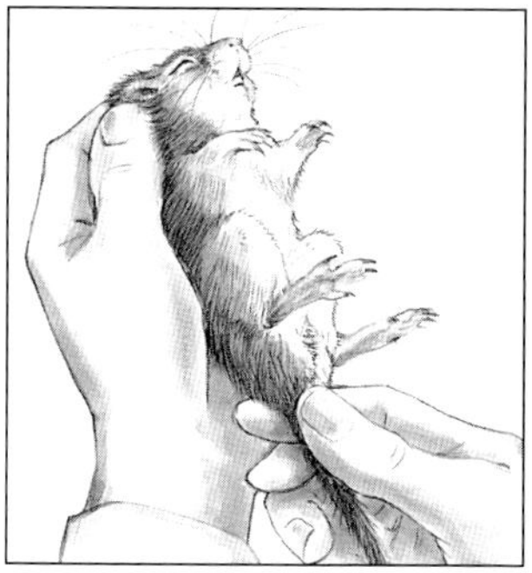
Beim Tragen Nackenfell und Schwanzwurzel festhalten.

Rennmäuse richtig hochheben und halten
Um eine Rennmaus hochzunehmen, locken Sie sie am besten mit einem Leckerbissen auf ihre geöffnete Hand. Damit sie nicht herunterspringt, wird sie am Rücken bzw. Nackenfell festgehalten. Haben Sie die Rennmaus dabei nicht korrekt erwischt, wird sie Ihnen das durch besonders wehrhaftes Zappeln zeigen. Dann den Haltegriff sofort korrigieren.
Achtung: Die Rennmaus niemals an der Schwanzspitze feshalten, sie daran ziehen oder daran hochheben. Der Schwanz einer Rennmaus kann nämlich sehr leicht abreißen. Dabei löst sich das Fell vom Schwanz. Sie halten dann das Fell in der Hand und das Tier rennt mit skelettiertem Schwanz davon! Später amputiert es sich selbst die Knochen, weil das Fell nicht wieder nachwächst. Neben dem Schmerz, den die Rennmaus empfindet, ist ihr Balancier- und Klettervermögen stark beeinträchtigt. Wenn überhaupt, die Rennmaus nur an der Schwanzwurzel hochheben, die sich direkt nach dem Rücken fortsetzt (→ Zeichnung oben).

Wenn sich die Rennmaus Leckerbissen von ihrer Hand holt, ist das ein erster Vertrauensbeweis.

Die ersten Stunden in der neuen Umgebung

Je nachdem, zu welcher Jahreszeit Sie ihre Rennmäuse kaufen, sollten Sie unbedingt darauf achten, daß es den Tieren auf dem Nachhauseweg weder zu heiß noch zu kalt werden kann. Zoofachhändler oder Züchter halten für den Transport der Rennmäuse entsprechende Schachteln bereit. Es sollte selbstverständlich sein, daß Sie die Rennmäuse auf dem kürzesten Weg nach Hause bringen.

Zuhause angekommen werden die Tiere in den bereits fix und fertig eingerichteten Käfig, der auch schon am richtigen Standort steht, entlassen. Lassen Sie die Tiere am besten zunächst völlig in Ruhe, damit sie sich an ihre neue Umgebung gewöhnen können. Beschränken Sie sich ausschließlich auf das Beobachten der Rennmäuse. Dabei können Sie jedoch leise mit den Tieren sprechen, um sie so schnell wie möglich mit Ihrer Stimme vertraut zu machen.

Die bewegungsfreudigen Rennmäuse sollten regelmäßig die Möglichkeit zum Auslauf in der Wohnung bekommen (→ Seite 24). Bevor Sie Ihren Pfleglingen diesen Spaß jedoch das erste Mal ermöglichen, lassen Sie besser ein bis zwei Wochen Eingewöhnungszeit vergehen. Erst dann haben sich die Tiere an Sie gewöhnt und eine erste Orientierung gewonnen.

Wird der Auslauf zu früh gewährt, gelingt es meist nicht, die Tiere wieder in den Käfig zu bekommen. Machen Sie keinesfalls den Fehler, die Tiere zu jagen. Dies würde aufgebautes Vertrauen sofort zunichte machen (→ Seite 33).

Hinweis: Kinder müssen sorgfältig zum richtigen Umgang mit den Rennmäusen angeleitet werden. Achten Sie vor allem darauf, daß Kinder die Rennmäuse nicht über die Maßen beanspruchen, sondern den Tieren auch einmal Ruhe gönnen.

Bieten Sie Ihren Rennmäusen von Anfang an genügend Nagematerial (→ Seite 17).

Nach dem Auslauf in der Wohnung kann es nötig werden, die Tiere einzufangen. Dies gelingt mit Hilfe einer Papprröhre (→ Seite 26).

DER RICHTIGE UMGANG IM ALLTAG

Artgerechte Haltung, ausgewogene Ernährung, abwechslungsreiche Beschäftigung und regelmäßiger Auslauf halten Ihre Rennmäuse fit und gesund. Nur dann zeigen die Tiere ihre vielfältigen und interessanten Verhaltensweisen.

Regelmäßige Pflegearbeiten

Grundsätzlich sollten Sie sich einen regelmäßigen Pflegerhythmus für die tägliche Versorgung Ihrer Rennmäuse angewöhnen. Dies entlastet einerseits Ihr Gedächtnis, denn der regelmäßige Pflegeablauf wird sich Ihnen sehr schnell einprägen. Andererseits gewöhnen sich die Rennmäuse bereits in kurzer Zeit an Sie als ihren Pfleger. Schon bald werden die Tiere Sie zu bestimmten Zeiten freudig erwarten und zum Käfiggitter eilen, um Sie zu begrüßen.

<u>Der Zeitauffwand für die Pflege</u> beträgt pro Tag etwa eine halbe bis ganze Stunde. Meist vergeht dieser Zeitraum wie im Fluge, wenn man neben der Fütterung und Pflege mit den Tieren spielt oder sie beobachtet.

<u>Der Zeitpunkt für die tägliche Pflege</u> ist unerheblich. Es spielt keine Rolle, ob Sie die Pflegemaßnahmen vormittags, nachmittags, abends oder nachts durchführen. Selbst wenn die Rennmäuse gerade schlafen, können Sie sie ruhig wecken - sie sind sofort hellwach und munter.

Wachsam, wie vor ihrem Höhleneingang in der Natur, sichert die Rennmaus auch vor dem ausgehöhlten Aststück, das im Käfig liegt.

<u>Folgende Kontrollmaßnahmen sollten Sie sich angewöhnen:</u>

1. Kontrolle der Tiere: Sind noch alle Tiere da? Sind alle Tiere fit oder zeigen sie Veränderungen wie Lustlosigkeit, matte Augen, struppiges Fell oder sogar (Biß-)Wunden (→ Gesundheitsvorsorge und Krankheiten, Seite 53 bis 59). Beobachten Sie besonders aufmerksam noch unbeholfene Jungtiere und neu eingewöhnte Tiere, wenn in letzter Zeit häufiger ernstere Rangeleien aufgetreten sind (→ Familienleben der Rennmäuse, Seite 46; → Gewöhnung, Seite 11).

2. Kontrolle des Käfigs: Ist der Käfig noch »ausbruchsicher« und steht er stabil, oder hat sich in Ihrer Abwesenheit irgendetwas verändert? Sind die Einrichtungsgegenstände wie Klettersteine, Kletterhölzer etc. alle noch standfest oder droht den Rennmäusen Verletzungsgefahr durch verrutschte Gegenstände?

3. Kontrolle des Futters: Kontrollieren Sie Futter und Wasser täglich. Auch wenn man Rennmäuse immer einige Tage im voraus versorgen kann (→ Seite 30), sehen Sie bei der täglichen Kontrolle sofort, ob die Tiere einen gesunden Appetit hatten und genügend getrunken haben. So können Sie auf Krankheiten, die sich anbahnen, frühzeitig reagieren (→ Seite 53). Füttern

Sie täglich nur so viel, wie die Rennmäuse verzehren. Die benötigte Futtermenge müssen Sie anhand der Anzahl Ihrer Rennmäuse in etwa berechnen (→ PRAXIS-Seiten 34/35) bzw. durch Ausprobieren feststellen, wieviel die Tiere brauchen. Trockenfutterreste streuen Sie einfach auf die Einstreu. Beim Streunen und Scharren fressen die Tiere auch dieses Futter nahezu komplett auf, so daß fast nichts verlorengeht. Entfernen Sie vor allem im Sommer Reste von Frischfutter (→ PRAXIS-Seiten 34/35) spätestens am nächsten Tag aus dem Käfig. Es fault und schimmelt bei hohen Temperaturen rasch und kann die Rennmäuse krank machen. Ist reichlich Frischfutter übriggeblieben, setzen Sie einige Tage mit der Frischfutter-Fütterung aus, damit die Tiere wieder richtigen Appetit auf diese Kostform bekommen.

Hinweis: Futter muß nicht unbedingt im Freßnapf angeboten werden. Sie können es auch auf die Einstreu streuen. Die Futteraufnahme während des Scharrens in der Einstreu entspricht der Verhaltensweise der Rennmäuse in der Natur. Es ist auch nicht unhygienisch, das Futter so anzubieten, denn beispielsweise Kotkrümel verlieren die Rennmäuse ebenso im Freßnapf. Besonders wenn Sie mehrere Tiere im Käfig halten, gibt es weniger Gerangel an der Futterstelle, wenn Sie keinen Napf verwenden.

4. Kontrolle des Wassers: Werfen Sie täglich einen Blick auf die Trinkflasche. Ist sie ausreichend gefüllt? Schließt sie dicht, so daß die Einstreu nicht durchnäßt wird? Füllen Sie die Trinkflasche mindestens einmal wöchentlich mit frischem Leitungswasser. Zuvor die Flasche mit heißem Wasser ohne Reinigungsmittel säubern. Wichtig nach dem Auffüllen der Trinkflasche: Vor dem Aufhängen die Luft in der Flasche entweichen lassen. Bleibt nämlich Luft im Trinkröhrchen, fließt kein Wasser nach, selbst wenn die Rennmäuse heftig am Röhrchen lecken.

5. Kontrolle der Einstreu: Haben sich besondere Verunreinigungen angesammelt? Wenn ja, entfernen Sie sie besser. Ist noch genügend saubere Aufbaueinstreu und Nisteinstreu im Käfig (→ Seite 30)? Bei Bedarf füllen Sie Einstreu nach.

6. Kontrolle der Beschäftigungsmöglichkeiten: Hängt das Laufrad noch richtig und dreht es frei? Sind ausreichende Klettermöglichkeiten gegeben? Ist für den folgenden Tag genug Nagematerial vorhanden (→ Seite 17)?

Erwischt die Rennmaus beim Auslauf in der Wohnung ein stromführendes Kabel und nagt es an, bekommt sie einen tödlichen Stromschlag.

Gefahren für die Rennmaus

Gefahr	Gefahrenquelle	Vermeiden von Gefahr
Ernste Beißereien	andere Rennmäuse	Nur aneinander gewöhnte Tiere zusammensetzen.
Risse und Quetschungen	Käfig, Käfigumbauten	Alles im und am Käfig muß rennmaus- und verletzungssicher sein, besonders bei Änderungen Marke »Eigenbau«.
Abgerissener Schwanz	Pfleger	Rennmaus nie an der Schwanzspitze ziehen oder hochheben!
Einklemmen	Türen, Schranktüren	Obacht geben, wenn Rennmäuse Auslauf haben.
Stromschlag	Elektrokabel	Beim Auslauf außerhalb der Reichweite der Nagezähne legen.
Brüche	Stühle, Fußtritte, Erhöhungen	Beim Auslauf der Tiere besonders gut aufpassen.
Vergiftungen	Zimmerpflanzen, fauliges Frischfutter	Giftige Zimmerpflanzen fernhalten, altes Frischfutter beizeiten entfernen.
Parasiten und Krankheiten	fremde Rennmäuse	Neuzugänge kontrollieren, Quarantäne der Tiere einrichten.

Rennmäuse brauchen Auslauf

Rennmäuse haben ihren Namen völlig zu recht. Sie rennen tatsächlich sehr gerne.

Für den »kleinen Auslauf« ist es wichtig, den Tieren ein Laufrad in den Käfig zu geben. Immer, wenn sie gerade ihre Wachphase haben, drehen sie schnell einmal ein paar Runden im Rad. Selbst die Kleinen tummeln sich bereits, sobald sie sich halbwegs frei im Käfig bewegen können, oft sogar zu mehreren im Laufrad.

Wichtig: Das Laufrad muß ganz aus Metall sein, damit es nicht binnen kurzem zernagt wird. Ausführungen mit eigenem Ständer haben sich für Rennmäuse als geeigneter erwiesen als solche, die am Gitter des Kleintierheims befestigt werden. Da nämlich die Rennmäuse das Laufrad eifrig benutzen, lärmt es unnötig, wenn dieses die Laufgeräusche auf den gesamten Käfig überträgt.

Aber auch Ständerlaufräder haben ihre Tücken: beschweren Sie den Ständer unterhalb des Rades mit einer Platte (z. B. Fliese), damit es nicht ständig umfällt, wenn die Rennmäuse zu tollen anfangen.

Für den »großen Auslauf« lassen Sie die Tiere frei im Zimmer herumlaufen - ein ganz besonderes Vergnügen für die Rennmäuse.

Hier können sie sich nach Herzenslust austoben, einander scheuchen, miteinander flitzen, herumstöbern und schnüffeln.

Selbst ein geräumiges Käfigverbundsystem kann den Rennmäusen den Freilauf in der Wohnung nicht ersetzen.

Hinweis: Vom Auslauf im Freien ist vorsichtshalber abzuraten. Im sicheren Freilaufkäfig wäre zwar in den warmen Sommermonaten an einem trockenen, geschützten Platz ein Freiauslauf denkbar, entwischt Ihnen jedoch einer der flinken Nager, gäbe es keine Chance, ihn wieder einzufangen. Im Freien würde die Rennmaus außerdem schnell zur Beute von Mardern, Eulen, Iltissen, Hunden oder Katzen.

Solch ein Körbchen benutzen die Rennmäuse mehr zum Nagen als zum Schlafen.

Von Balkonen können Rennmäuse abstürzen, wenn das Geländer nicht mit dem Boden abschließt.

Wichtige Vorbereitungen für den Auslauf in der Wohnung

Bevor Sie den Rennmäusen Auslauf in der Wohnung gewähren, sollten Sie eventuelle Gefahrenquellen für die kleinen Nager beseitigen (→ Tabelle, Seite 23). Bringen Sie auch Ihre Wohnungseinrichtung in Sicherheit.

✔ Räumen Sie alles beiseite, was benagt werden könnte, wie z. B. Elektrokabel (von Lampen,

Das Häuschen bietet ebenso wie Röhren einen wunderbaren Platz zum Verstecken.

Computern, Musik- und Videoeinrichtungen etc.), Teppiche, Holz- und Kunststoffartikel, Trockenblumensträuße, Bücher, Zeitschriften, Papiere etc.

✔ Verschließen Sie alles, wohinein spielende Rennmäuse krabbeln oder fallen könnten, ohne sich selbst wieder befreien zu können. Bedenken Sie, daß Rennmäuse bis zu 40 cm hoch springen können. Sie klettern sogar an rauhen, geneigten Flächen hoch. Das kann auch eine überhängende Sofadecke sein. Schauen Sie sich vor dem Freilassen der Tiere nochmals sorgfältig im Raum um, ob Sie außer den in diesem Ratgeber genannten Gefahrenquellen noch andere entdecken und beseitigen Sie sie.

Hinweis: Sollte es Ihnen zu streßig sein, alle Rennmäuse miteinander frei laufen zu lassen, so geht das freilich auch nacheinander.

Übrigens ist es einer Rennmaus gleich, ob Sie ihr den Auslauf in einem kleinen Zimmer oder in der gesamten Wohnung gewähren. Dank ihres hervorragenden Orientierungsvermögens findet sie sich überall gleichermaßen gut zurecht.

Empfehlenswert ist es, den Rennmäusen Freilauf nur unter Ihrer Aufsicht zu gewähren. So können Sie das vielseitige Verhalten der interessanten Nager eingehend studieren und im Notfall sofort eingreifen, wenn die Tiere irgendwo Unfug treiben.

TIP

Wann der Käfig desinfiziert werden muß

Keinesfalls sollten Sie den Rennmaus-Käfig nach jedem Großputz desinfizieren (→ Seite 27). Rennmäuse haben einen ausgeprägten Geruchssinn, und der Geruch des Desinfektionsmittels ist den Tieren zuwider. Allerdings kann eine Desinfektion des Käfigs nötig werden, wenn die Rennmäuse erkrankt sind oder waren. Waschen Sie dazu die leer geräumte Behausung wie gewohnt mit sehr heißem Wasser ab. Im zweiten Reinigungsgang verwenden Sie ein Desinfektionsmittel nach Gebrauchsanweisung, mit welchem alle Käfig- und Zubehörteile abgewaschen werden. Geeignete Präparate erhalten Sie im Zoofachhandel oder in der Apotheke. Anschließend das Desinfektionsmittel mit heißem Wasser abspülen und alle Teile sorgfältig trockenreiben. Danach frische Einstreu in den Rennmauskäfig geben und ihn wie gewohnt einrichten (→ Die richtige Einstreu, Seite 29).

So benutzt die Rennmaus eine Überlaufröhre im Käfigverbundsystem, um von einem Käfig zum anderen zu gelangen.
1. Die Rennmaus erreicht die Öffnung stehend, vom Boden aus.

2. Vom Boden springt sie in die Röhre hinein.

3. Sie hält sich mit den Vorderpfoten fest und schiebt ihr Hinterteil nach.

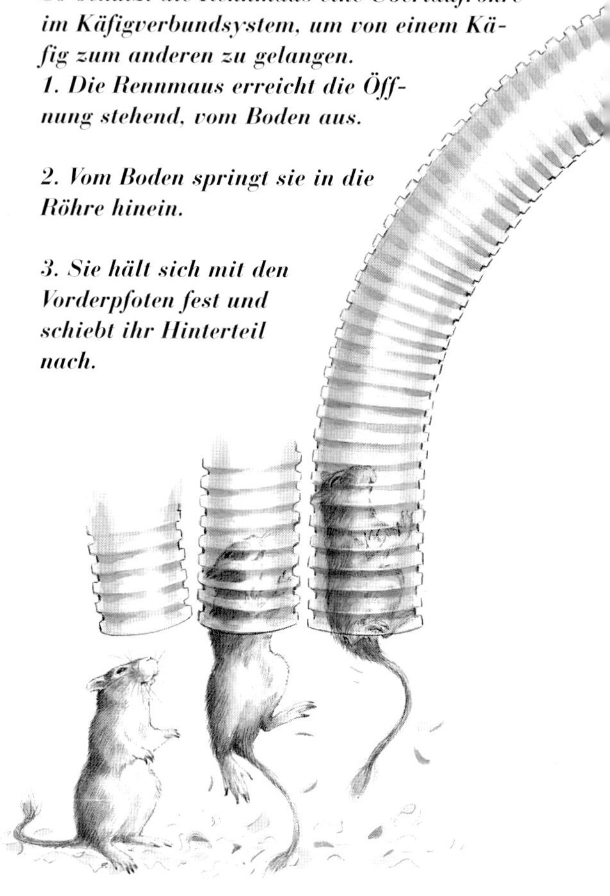

Manchmal schwierig: das Einfangen

Wie lange Sie Ihren Rennmäusen Auslauf gewähren, hängt ganz von Ihnen ab. Es sollten jedoch mindestens zwei- bis dreimal wöchentlich jeweils 30 Minuten sein. Doch wie bekommen Sie am Ende die Tiere wieder in ihren Käfig? Versuchen Sie es folgendermaßen: Stellen Sie den Käfig so in Position, daß die kleinen Nager bequem in den Käfig hineinkrabbeln können. Treiben Sie die Tiere sanft in Richtung Käfig. Funktioniert das nicht, weil die Tiere Sie durchschaut haben und lieber weiterhin frei laufen möchten, müssen Sie sie einfangen. Mit Scharren und Klopfen auf dem Boden machen Sie die Tiere aufmerksam, sie kommen dann meist auf Sie zu. Das ist für Sie die Gelegenheit, die Nager in eine bereitgehaltene Pappröhre (→ PRAXIS-Seite 19) krabbeln zu lassen und sie in den Käfig zurückzusetzen.

Beachten Sie beim Einfangen folgendes:

1. Machen Sie niemals Jagd auf die Rennmäuse. Greifen Sie auf keinen Fall plötzlich etwa

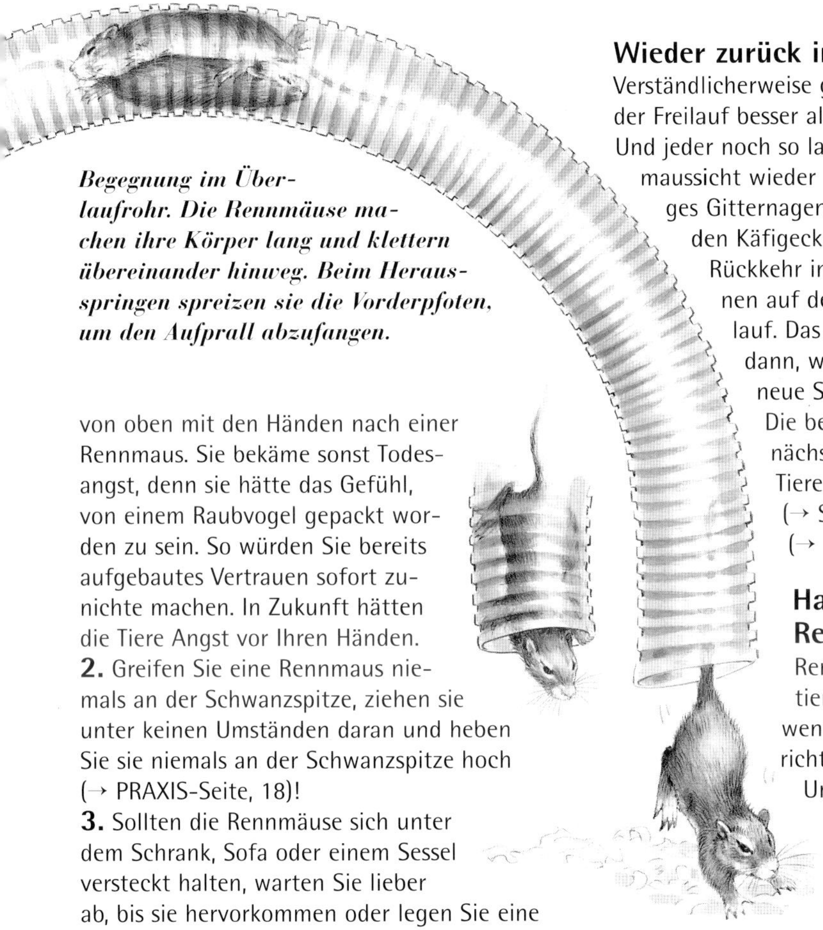

Begegnung im Überlaufrohr. Die Rennmäuse machen ihre Körper lang und klettern übereinander hinweg. Beim Herausspringen spreizen sie die Vorderpfoten, um den Aufprall abzufangen.

von oben mit den Händen nach einer Rennmaus. Sie bekäme sonst Todesangst, denn sie hätte das Gefühl, von einem Raubvogel gepackt worden zu sein. So würden Sie bereits aufgebautes Vertrauen sofort zunichte machen. In Zukunft hätten die Tiere Angst vor Ihren Händen.

2. Greifen Sie eine Rennmaus niemals an der Schwanzspitze, ziehen sie unter keinen Umständen daran und heben Sie sie niemals an der Schwanzspitze hoch (→ PRAXIS-Seite, 18)!

3. Sollten die Rennmäuse sich unter dem Schrank, Sofa oder einem Sessel versteckt halten, warten Sie lieber ab, bis sie hervorkommen oder legen Sie eine Pappröhre parat (→ PRAXIS-Seite 19).
Rücken Sie keinesfalls das Möbelstück weg, um an die Rennmäuse zu gelangen. Allzu leicht werden die Tiere dabei eingequetscht.
Stubsen Sie zur Not die Tiere mit einem Besenstiel oder ähnlichem unter dem Möbel hervor und versperren Sie ihnen den Weg zurück, beispielsweise mit einer Wolldecke.
Wiederholt sich eine solche Prozedur von Auslauf zu Auslauf, sorgen Sie besser rechtzeitig vor dem nächsten Freilauf dafür, daß den Rennmäusen derartige Zugänge versperrt sind.

Wieder zurück im Käfig

Verständlicherweise gefällt den Rennmäusen der Freilauf besser als der Aufenthalt im Käfig. Und jeder noch so lange Ausflug war aus Rennmaussicht wieder einmal viel zu kurz. Heftiges Gitternagen oder zorniges Scharren in den Käfigecken sind daher nach der Rückkehr in den Käfig oft die Reaktionen auf den vorangegangenen Auslauf. Das legt sich üblicherweise dann, wenn die Tiere sich an die neue Situation gewöhnt haben. Die beste Ablenkung bis zum nächsten Auslauf ist daher den Tieren genügend Nagematerial (→ Seite 17) oder Nistmaterial (→ Seite 30/31) anzubieten.

Hausputz im Rennmauskäfig

Rennmäuse sind als Steppentiere auf die sparsame Verwendung von Wasser eingerichtet. Entsprechend wenig Urin sondern sie ab und auch ihr Kot ist entsprechend trocken. Für Sie als Pfleger bedeutet dies: Der Käfig muß weniger oft gereinigt werden als bei allen anderen Kleintieren, die sich für die Heimtierhaltung eignen.
Es genügt, wenn Sie den Käfig nur etwa alle vier Wochen gründlich saubermachen. Dies kommt auch den Rennmäusen sehr entgegen, denn die Tiere richten sich nach jedem Großreinemachen wieder völlig neu ein. Sie markieren das Terrain erneut mit ihren Duftdrüsen und bauen Nester. Andererseits fühlen sie sich selbstverständlich in einem sauberen Käfig wohler als in einem unsauberen.

Die Rennmausmutter betreut liebevoll ihre Jungen und verteidigt sie auch bei Gefahr.

Hinweis: Wenn Sie die Anmerkungen zur Einstreu (→ Seite 29) beachten, dazu etwa ein Drittel der Grundeinstreu durch Katzenstreu ersetzen und im Bedarfsfall grobe Verunreinigungen der Aufbau- und Nisteinstreu (z. B. Kotansammlungen) beseitigen, dann ist ein Großreinemachen im Abstand von etwa vier Wochen erfahrungsgemäß durchaus ausreichend. Erst darüber hinaus sind grobe Geruchsbelästigungen zu erwarten.

Reinigen - effektiv und gründlich

Um den Käfig zu reinigen, nehmen Sie die Rennmäuse vorsichtig aus ihrer Behausung und setzen sie in ein Ersatzbehältnis z. B. eine Transportbox aus Plastik (im Zoofachhandel erhältlich). Leichter geht's bei einem Käfigverbundsystem. Dort treiben Sie die Tiere einfach in einen Nebenkäfig, nehmen das Laufrohr ab und verschließen so den Käfig, in welchem sich die Tiere aufhalten. Schütten Sie die Einstreu in die Bio- oder Mülltonne. Aus hygienischen Gründen bitte nicht auf den Kompost.

Waschen Sie Käfigwanne und Gitterhaube bzw. das Aquarium oder Terrarium komplett innen und außen gründlich mit möglichst heißem Wasser - ohne Reinigungsmittel - ab.

Wechseln Sie dann das Wasser aus und reinigen

Sie das Zubehör wie Laufrad, Futternapf, Wasserflasche, Kletterholz und -steine.
Zuletzt wird auch das Laufrohr, sofern Sie ein Käfigverbundsystem besitzen, gesäubert. Dazu verwenden Sie am besten eine alte Flaschenbürste, um den am meisten verunreinigten Scheitelpunkt des gebogenen Rohres erreichen zu können.
Alle Elemente müssen trocken sein, bevor Sie sie wieder zusammenfügen, Einstreu in die Behausung füllen und das Zubehör wieder einrichten. Prüfen Sie zum Schluß, ob alles wieder rennmaussicher eingebaut ist.

Reinigen, auch wenn Junge im Nest sind?

Wenn Jungtiere im Nest liegen, ist es außerordentlich störend für die Tiere, ihre Behausung gerade dann zu reinigen. Als Rennmauszüchter wissen Sie aber um den voraussichtlichen Geburtstermin der Nachzucht und richten daher etwa eine Woche vor der Geburt der Jungen die letzte Großreinigung ein. Erst wenn die Jungrennmäuse dann mindestens vier, besser fünf bis sechs Wochen alt sind, sollten Sie wieder Großreinemachen vorsehen. Bis dahin langt es, die Aufbaueinstreu durch Frischmaterial zu ersetzen. Tritt in den ersten Wochen nach Geburt der Jungen ein Notfall ein, der Sie zwingt, den Stall zu reinigen, sollten Sie zumindest versuchen, bei der Reinigung das Nest zu erhalten.

Wohlfühlen im Alltag: die richtige Einstreu

Einer der wichtigsten Aspekte, damit sich die Rennmäuse in ihrem Käfig wohl fühlen, ist die richtige Einstreu. Nach meiner praktischen Erfahrung habe ich die Einstreu in drei verschiedene Kategorien aufgeteilt: Grundeinstreu, Aufbaueinstreu und Nisteinstreu. Bieten Sie den Rennmäusen auch nach einem Großreinema

Checkliste
Zufriedene Rennmaus

1. **Setzen Sie sich damit auseinander, wie Rennmäuse in der Natur leben. So bekommen Sie ein Gefühl dafür, was Rennmäuse auch als Heimtiere brauchen, um sich wohlzufühlen.**
2. **Rennmäuse sollten auch als Heimtiere immer mit Artgenossen zusammenleben dürfen.**
3. **Der Käfig muß ausreichend groß sein, am besten geeignet ist ein Käfigverbundsystem.**
4. **Mehrmals pro Woche Auslauf in der Wohnung ist für Rennmäuse unerläßlich.**
5. **Laufrad, Klettermöglichkeiten, Nagematerialien und die richtige Einstreu dürfen in keinem Käfig fehlen.**
6. **Eine ausgewogene Ernährung ist die Grundlage für die Gesundheit Ihrer Rennmäuse.**
7. **Nie eine Rennmaus an der Schwanzspitze ziehen!**

VERSORGUNG IM URLAUB

✔ Sind Sie nur kurz, beispielsweise über ein verlängertes Wochenende, von zu Hause abwesend, können Sie Ihre Rennmäuse im voraus versorgen und allein lassen.

✔ Ab knapp einer Woche Abwesenheit und darüber hinaus, sollten Sie Ihre Rennmäuse einem zuverlässigen Pfleger anvertrauen.

✔ Das Großreinemachen im Käfig übernehmen Sie am besten selbst, bevor Sie Ihren Urlaub antreten. Stellen Sie dem Pfleger alles, was zur Pflege der Tiere nötig ist, in ausreichender Menge griffbereit parat.

✔ Weisen Sie Ihre Urlaubsvertretung gründlich in alle Pflegeroutinen ein und händigen Sie dem Pfleger diesen Ratgeber aus.

✔ Hinterlassen Sie vorsichtshalber die Adresse Ihres Tierarztes, Ihre Urlaubsanschrift mit Fax- und Telefonnummer.

✔ Während Ihrer Abwesenheit sollten die Rennmäuse keinen Auslauf in der Wohnung bekommen. Ein ungeübter Pfleger kann schnell überfordert sein, wenn die Tiere partout nicht in den Käfig zurück wollen. Gönnen Sie den Tieren vor Ihrem Urlaubsantritt noch einmal einen ausgiebigen Freilauf.

chen im Käfig wiederum die gleichen Einstreu-Varianten.

Grundeinstreu: Empfehlenswert für die Grundeinstreu ist Vogelsand oder gewaschener Quarzsand aus einer Sandgrube, den es auch als Sandkastensand im Baumarkt oder Gartencenter zu kaufen gibt. Der Boden des Gitterkäfigs wird etwa 3 cm hoch aufgefüllt, im Aquarium bzw. Terrarium dürfen es auch bis zu etwa 12 cm sein. Zwischen Boden und Deckel sollten mindestens 25 cm Platz bleiben.

Den Sand nehmen die Rennmäuse gerne an, um darin zu graben, zu scharren und Sandbäder zu nehmen, um das Fell zu reinigen. Das Laufen und Scharren im Sand hilft zudem, die Krallen abzunutzen.

Hinweis: Bewährt hat sich die Mischung von zwei Teilen Sand mit einem Teil Katzenstreu. Dadurch lassen sich die Großputzintervalle etwas verlängern, denn der Anteil von Katzenstreu hält die Grundeinstreu länger sauber. Außerdem beugt die Sand-Katzenstreu-Mischung der Ausbreitung von Bakterien und Viren vor.

Aufbaueinstreu: Sie ist das Ergebnis des Nagevergnügens Ihrer Rennmäuse und erfüllt einen doppelten Zweck. Zum einen bildet sie einen Belag auf der Grundeinstreu, der Schmutz und Feuchtigkeit auffängt. Zum anderen durchwühlen die Rennmäuse die Aufbaueinstreu immer wieder gerne und schauen, ob sich nicht doch noch etwas Freßbares oder zum Nestbau geeignetes findet.

Geben Sie deshalb reichlich Nagematerial wie beispielsweise dünne Holzbrettchen von Obstkisten, Hobelspäne von unbehandeltem Holz, Pappkartonagen oder Zweige (→ Grünfutter, Seite 34) auf die Grundeinstreu.

Nisteinstreu: Rennmäuse bauen sich stets ein Nest, manchmal auch ein zweites, wenn sich etwa das Muttertier mit seinen Jungen absonn-

dert und der Rest der Gruppe in ein neues Nest umzieht. So entstehen dann ein Wurfnest und ein Schlafnest.
Die Menge an Nistmaterial, die dabei verbaut wird, ist von der Temperatur der Umgebung abhängig. Ist es kühler, also unter etwa 20 °C Zimmertemperatur, bauen sich die Nager ein überdachtes Nest. Ist es hingegen wärmer, etwa ab 25 °C, bevorzugen die Tiere ein offenes, nicht überdachtes Nest - und brauchen daher weniger Nistmaterial.
Als Nistmaterial geeignet ist alles, was weich ist oder sich zu Weichem zernagen läßt: Watte (keine Hamsterwatte, das sich die Tiere darin verheddern können), ungefärbtes Tissue (z.B. von Toilettenpapier), Heu und Stroh.
Hinweis: Im Laufe der Zeit - zwischen zwei Großputzterminen - sollten Sie gelegentlich immer wieder etwas Nistmaterial anbieten, denn das bereits fein zernagte Material fällt nach und nach zusammen. Außerdem scharren die Rennmäuse verschmutztes »Bettzeug« aus ihrem Nest heraus.

Wie zahm werden Rennmäuse?

Rennmäuse sind von Natur aus sehr neugierig und aufgeschlossen für ihre Umgebung. Vor allem diese Eigenschaften helfen Ihnen, die putzigen Nager bald an sich zu gewöhnen und handzahm zu machen. Wenn Sie die Rennmäuse regelmäßig zu festen Zeiten pflegen und sich ihnen durch immer dasselbe Geräusch - wie etwa einen Pfiff - ankündigen, werden Sie schon nach kurzer Zeit von Ihren Rennmäusen am Käfigrand erwartet. Natürlich lernen Rennmäuse nicht, Ihnen »auf's Wort« zu folgen. Auch sind nicht alle Tiere im Wesen gleich. Doch Sie können erreichen, daß die Rennmäuse Zutrauen zu Ihnen fassen und sich jederzeit von Ihnen auf die Hand nehmen lassen.

TIP

Rennmäuse und andere Hausbewohner

Familienmitglieder: Bald schon werden die possierlichen Nager ihren festen Platz in Ihrer Familie gefunden haben. Stecken Sie dabei die Zuständigkeiten für die Pflege ab und helfen Sie sich gegenseitig aus.
Andere Heimtiere: Halten Sie die Rennmäuse besser separat von anderen Heimtieren. Es muß bei Begegnungen nicht zu Problemen kommen - es kann aber sein. Kein Mensch kann wissen, wie die Tiere untereinander plötzlich reagieren.
Zimmerpflanzen: Rennmäuse benagen auch Zimmerpflanzen sehr gerne.
Wenn Sie nicht genau wissen, welche Pflanzen für Ihre Rennmäuse ungiftig sind, stellen Sie beim Auslauf am besten alle Zimmerpflanzen beiseite.

Kraulen hinter den Ohren und an den Wangen mögen Rennmäuse

Pflegeplan

Tägliche Pflege:	✔ Rennmäuse nachzählen: Sind alle Tiere vollzählig versammelt? Alle gesund und munter? Gibt´s irgendwelche augenscheinlichen Veränderungen, auf die Sie reagieren müssen? ✔ Käfig kontrollieren: Alles fest verschlossen und rennmaussicher? ✔ Füttern: Etwa eine Tagesration füttern. Übriggebliebenes Feuchtfutter vom Vortag entfernen. ✔ Prüfen Sie, ob noch genug »Spielzeug« zum Zernagen im Käfig ist.
Wöchentliche Pflege:	✔ Geben Sie mindestens einmal wöchentlich frisches Trinkwasser. ✔ Kontrollieren Sie die Einstreu und entfernen Sie grobe Verunreinigungen. Füllen Sie nötigenfalls Nistmaterial nach. ✔ Gönnen Sie den Tieren zu festen Zeiten und möglichst mehrmals pro Woche freien Auslauf in der Wohnung.
Monatliche Pflege:	✔ Reinigen Sie den Käfig und alles Zubehör etwa einmal pro Monat komplett und gründlich.
Pflege im Bedarfsfall:	✔ Haben Sie ein besonderes Augenmerk auf Ihre Tiere, wenn Sie gerade einander fremde Rennmäuse aneinander gewöhnen. Ebenso wenn sich Jungtiere ankündigen oder im Nest liegen. ✔ Desinfizieren Sie den Käfig nach Erkrankungen der Tiere.

Stufe 1: Gewöhnung an den Pfleger

Beherzigen Sie zunächst alle Hinweise zur richtigen Eingewöhnung Ihrer Rennmäuse (→ PRAXIS-Seiten 18/19). Bereits nach wenigen Tagen sollten sich die Tiere an Ihre Hand im Käfig als etwas völlig Normales gewöhnen. Öffnen Sie dazu den Käfigverschluß so weit, daß Sie mit Ihrer Hand hineinreichen, die Tiere aber nicht entwischen können. Mit einigen Leckerbissen, z. B. Mehlwürmern, locken Sie die Rennmäuse auf Ihre Hand. Lassen Sie sie darauf herumkrabbeln und stubsen und streicheln sie die Tiere so, wie sie es auch untereinander tun. Nehmen Sie sich zu diesem 1. Schritt immer wieder ausreichend Zeit und praktizieren Sie ihn vor allem regelmäßig. Lassen Sie die Tiere immer wieder auf Ihre Hände krabbeln und daran schnuppern. Stoßen Sie die Rennmäuse nur dann sanft zurück, wenn sie an Ihren Händen zu knabbern beginnen.

Ist den Rennmäusen Ihre Hand selbstverständlich geworden und haben sie begriffen, daß von ihrer Hand nur Gutes kommt, zeigen die Tiere Ihnen gegenüber bereits Vertrauen. Dann ist es Zeit für den zweiten Schritt.

Hinweis: Bevor Sie im Rennmaus-Käfig hantieren und die Tiere an Ihren Händen schnuppern lassen, sollten Sie sich die Hände waschen. Verzichten Sie dabei auf Seife und achten Sie darauf, daß Ihren Händen kein anderer aufdringlicher Fremdgeruch anhaftet.

Stufe 2: Rennmäuse handzahm machen

Jetzt geht es darum, das bislang Erlernte zu festigen und zu vertiefen mit dem Ziel, daß sich die Rennmäuse von Ihnen fast jederzeit freiwillig hochheben lassen. Beobachten Sie, wie die Rennmäuse sich untereinander verhalten, wie sie sich untereinander begegnen, wie sie sich tummeln, putzen und kosen. Versuchen Sie, Ihren Rennmäusen in ähnlicher Weise zu begegnen - auch wenn es zwangsläufig unvollkommen bleiben muß. Aber die geschickteste Art, eine Rennmaus völlig handzahm zu machen, besteht darin, ihre endlose Neugierde zu nutzen. Begrüßen Sie also den herankommenden Nager mit sanftem Kraulen an der Wange und am Ohr, ganz nach Rennmausart. Er wird sich das gefallen lassen und lernen, daß Sie es gut mit ihm meinen. Vor allem, wenn Sie immer wieder einmal einen Leckerbissen aus der Hand füttern - Ihre Hand muß für die Rennmäuse völlig selbstverständlich werden.
Haben Sie dann erreicht, daß die Tiere handzahm sind und sich ohne Scheu hochheben lassen, können Sie den dritten Schritt versuchen.

Stufe 3: Zähmung außerhalb des Käfigs

Im letzten Schritt arbeiten Sie darauf hin, daß die Rennmäuse nicht nur in ihrer begrenzten Behausung Zutrauen zu Ihnen haben, sondern auch dann noch, wenn sie frei im Raum herumtoben dürfen. Das ist wichtig, damit die Tiere nicht erschrecken, wenn Sie sich ebenfalls zwanglos frei im Zimmer verhalten. Das ist aber auch nützlich, um die Tiere nach dem Ausgang leichter wieder einfangen zu können. Und letztlich ist es einfach schön zu erleben, wenn die Tiere ganz zutraulich auf einen selbst zukommen, schnell mal schnuppern, schauen, spielen und wieder davonhuschen. Wenn Sie nämlich die ersten beiden Lernschritte eingehalten haben, werden die Rennmäuse Sie als Pfleger wiedererkennen und nahezu keine Scheu zeigen.
Zunächst aber bewegen Sie sich nicht hektisch oder ruckartig, wenn Sie mit den Rennmäusen im Zimmer sind - und geben Sie Obacht, daß Sie nicht versehentlich auf ein Tier treten bzw. es beim Türöffnen quetschen! Hocken Sie sich am besten zu den Tieren auf den Boden. Auf ihren Erkundungsgängen werden die Rennmäuse immer wieder auch zu Ihnen kommen. Schon bald werden sie dann auch an Ihrer Hose und an Ihrem Pullover hochkrabbeln. Bei diesen Gelegenheiten können Sie am Ende des begehrten Auslaufes die Tiere sanft wieder in Gewahrsam nehmen und in den Käfig zurücksetzen.

Joghurt leckt die Rennmaus auch von einem Teelöffel.

Wenn Sie sich im Zoofachgeschäft umschauen, werden sie kaum ein spezielles Rennmausfutter im Angebot finden. Das ist auch nicht nötig, denn Rennmäuse sind ziemlich anpassungsfähig, was die Art ihres Futters anbelangt. Ratsam ist ein vielseitig zusammengestelltes Futter, damit es den Bedarf der Rennmäuse an den verschiedenen Nährstoffen, also Kohlenhydraten, Eiweiß, Fett, Mineralstoffen und Vitaminen, auch mit Sicherheit deckt.

Grünfutter – in kleinen Mengen stets begehrt

In der Steppe decken Rennmäuse ihren Feuchtigkeitsbedarf unter anderem aus frischen Blättern und aus Wurzeln, die sie beim Wühlen finden.

Gemüse und Obst sind nicht nur saftig, sondern enthalten auch viele wichtige Mineralstoffe und Vitamine.

Besonders geeignet sind Möhren (auch mit Kraut), Chicorée, Endivie, Gurken und gelegentlich etwas rohe oder gekochte Kartoffeln. Fast alle Obstarten werden gerne angenommen. Geben Sie davon jedoch nur kleine Mengen.

Ungeeignet sind Spinat und Kopfsalat im Winter (zu hoher Nitratgehalt).

Achtung: Rohe Bohnen und gekeimte oder grüne Kartoffeln sind giftig.

Wildkräuter wie Löwenzahn und Vogelmiere (nur von unbelasteten Flächen) müssen besonders gründlich gewaschen und abgetrocknet werden. Verfüttern Sie niemals unbekannte Kräuter, denn sie könnten giftig sein. Auch Sauerampfer und Rhabarber meiden (zuviel Oxalsäure bildet Nierensteine)!

Zweige sind im Winter als vitaminreiche Beikost zum Abnagen sehr begehrt. Bieten Sie nur Zweige von Obstgehölzen, Weide, Birke, Haselnuß, Buche und Ahorn an. Vorsicht! Manche anderen Gehölze können giftig sein.

Am Trinkautomat kommt es häufig zu Rangeleien, jedes der Tiere möchte zuerst trinken.

Tierische Beikost – extra eiweißreich

Besonders die trächtigen und säugenden Weibchen haben einen erhöhten Eiweißbedarf und sind dankbar, wenn sie

Saftiges Obst und Gemüse löschen nicht nur den Durst, sondern enthalten auch wichtige Mineralstoffe und viele Vitamine.

Eiweißreiche Kost wie z. B. Mehlwürmer oder Joghurt bereichern den Speiseplan. Nüsse und Sonnenblumenkerne sind beliebte Leckerbissen.

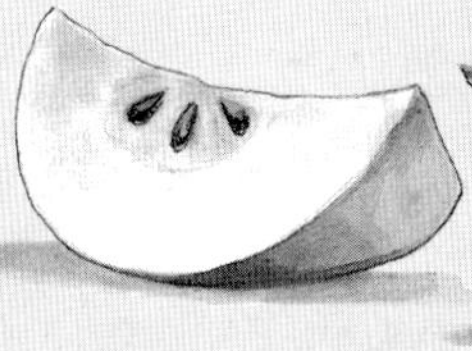

Hauptnahrung: Körnerfutter
In der Natur besteht der Hauptanteil der Trockennahrung aus verschiedenen Getreidearten und feineren Sämereien. Dies berücksichtigen bewährte Futtermischungen, die der Zoofachhandel anbietet:
Goldhamsterfutter ist sehr empfehlenswert.
Papageienfutter wird ebenfalls gerne gegessen, enthält aber oft zuviel Sonnenblumenkerne und Nüsse und kann, besonders bei älteren Rennmäusen, zu Verfettung führen.
Der Anteil an Sonnenblumenkernen am Gesamtfutter sollte 10% nicht übersteigen.
Wellensittich- oder Waldvogelfutter enthält feinere Sämereien und eignet sich hervorragend als wertvolle Ergänzung zu Haferflocken und Getreide.
Eine eigene Futtermischung für Ihre Rennmäuse können Sie auch selbst aus naturbelassenen Müslimischungen (ohne Zuckerzusatz!), Getreidekörnern und Haferflocken, feinen Sämereien und Trocken-Suppengemüse mischen. Ab und zu eine Scheibe Vollkorn-Knäckebrot rundet den Speiseplan ab.
Der tägliche Trockenfutterbedarf liegt bei etwa 10 g pro Rennmaus, der Wasserbedarf bei etwa 5 ml.
Beim Futtereinkauf keine zu großen Vorräte anlegen (höchstens für 3 Monate), da der Vitamingehalt im Futter stetig abnimmt.

gelegentlich einen Mehlwurm bekommen (gibt's im Zoofachhandel). Würmer zu verfüttern ist aber nicht jedermanns Sache. Wer das nicht mag, gibt ab und zu teelöffelweise Joghurt und Quark, gelegentlich auch mal etwas gekochtes Ei.

Leckerbissen – nur zum Verwöhnen
Rennmäuse lieben vor allem Nüsse, Kürbiskerne und Sonnenblumenkerne, also besonders solches Futter, das fett- und eiweißreich ist. Zuviel davon wäre aber gar nicht gut für eine gesunde, ausgewogene Ernährung. Am besten füttern Sie solche Leckerbissen nur direkt aus der Hand. So werden die Lieblinge rasch zahm und vertraut.
Ungeeignet sind Süßigkeiten aller Art, auch Schokolade und gesüßtes Müsli: Zucker schadet den Zähnen und der Verdauung der Rennmäuse.

Futter – gesucht und gefunden
Rennmäuse scharren gerne in der Einstreu, um nach Futter zu suchen. Sie können also das Futter direkt in den Käfig streuen. Anfangs ist es aber empfehlenswert, einen Futternapf aus Keramik zu verwenden, damit Sie lernen, die verzehrten Futtermengen besser abzuschätzen.

Wenn Rennmäuse Junge bekommen

Ein Rennmausweibchen beim Aufziehen ihrer Jungen zu beobachten, ist ein unvergeßlich schönes Erlebnis. Doch bedenken Sie vorher, was aus dem Nachwuchs – es können 1 bis 11 Junge pro Wurf sein – werden soll. Zwar hat die Natur insofern bereits vorgesorgt, daß Rennmäuse bei Übervölkerung im Revier von sich aus die Fortpflanzung einstellen. Doch kommt es in großen Rennmausgruppen häufig zu Rivalenkämpfen, wenn die Jungen erwachsen werden. Dann bleibt Ihnen nichts anderes übrig, als die Tiere zu trennen.

Partnerwahl

Rennmäuse leben weitgehend monogam, sind also in der Regel auf einen Partner fixiert.
Für die Zucht wählen Sie am besten zwei junge, etwa 8 Wochen alte, gesunde, aufgeweckte Rennmäuse aus. Keinesfalls sollten die Tiere zu übersteigerter Aggressivität neigen oder andere Verhaltensstörungen zeigen. Diese Eigenschaften können nämlich weitervererbt werden.
Rennmäuse sind frühestens mit 6 bis 7 Wochen geschlechtsreif und können bis zu einem Alter von knapp zwei Jahren Junge bekommen, Männchen jedoch oftmals länger.

Paarungsverhalten

Das Paarungsritual läuft folgendermaßen ab: Das Männchen riecht an der Genitalregion des Weibchens und erkennt dessen Paarungsbereitschaft. Es beginnt, das Weibchen durch den Käfig zu treiben. Für einen kurzen Moment stoppt das Weibchen und hebt das Hinterteil deutlich an. Das Männchen springt sofort auf. Die Begattung verläuft bei jungen Rennmäusen äußerst stürmisch. Das Männchen kann das Weibchen mehrere hundert Mal innerhalb eines halben Tages bespringen.
Nach jedem Sprung lecken Weibchen und Männchen, noch hintereinanderstehend, ihre Genitalregion sauber. Die Partner trommeln bisweilen auch erregt, aber nicht sehr laut, mit den Hinterpfoten.
Die Tragzeit dauert 23 bis 26 Tage, kann sich aber bis zu 43 Tagen hinauszögern, wenn das Weibchen gleichzeitig viele Junge säugt.

Muttertiere besonders pflegen!

Das Weibchen hat während der Schwangerschaft und der Säugezeit mehr Appetit, braucht mehr Eiweiß und Vitamine. Mehlwurm und Joghurt, auch ein paar Sonnenblumenkerne extra werden gierig verzehrt. Ein Kalkblock (im Zoofachhandel erhältlich) sorgt für die nötige Mineralstoffergänzung, denn für die Knochenbildung der Jungtiere im Mutterleib sind vermehrt Mineralstoffe nötig. Außerdem gibt die Mutter beim Säugen Calcium in der Muttermilch an die Jungen ab.

Droht Gefahr, packt die Rennmausmutter ihr Junges an einer Hautfalte und trägt es an einen ihr sicher erscheinenden Platz.

Die Rennmausgeburt

Erst wenige Tage vor der Geburt erkennt man am aufrechtstehenden Weibchen den dicker werdenden Unterleib. Die Geburt findet oft in den frühen Morgenstunden statt. Das Weibchen schickt zuvor alle Sippenmitglieder aus dem Wurfnest. Es bringt 1 bis 11 Junge zur Welt, durchschnittlich sind es etwa 5 bis 6. Jedes Junge wird nach der Geburt geleckt, die Eihaut wird entfernt, die Atmung kommt in Gang. Schon bald ist ein leises Wispern zu hören.

Aufzucht der Jungen

Bereits Neugeborene finden instinktiv den Weg unter das wärmende Bauchfell der Mutter und zur Milchquelle, den Zitzen. Vermeiden Sie jede unnötige Störung der Mutter mit ihren Jungen, denn das könnte das Weibchen unruhig machen. Manche Weibchen sind dann so verstört, daß sie sogar einige ihrer eigenen Jungen auffressen. Wenn dies passiert, liegt auch immer der Verdacht nahe, daß beim Weibchen ein Mangel an tierischem Eiweiß in der Nahrung vorliegt (→ PRAXIS-Seite 34).

Hinweis: Solange die Jungen noch kein Fell haben, sind sie darauf angewiesen, warm gehalten zu werden. Dafür sorgt auch der Vater, wenn die Mutter einmal das Nest verläßt. Gut mit

Die Rennmausmutter sondert sich mit ihrem Nachwuchs von der Sippe ab.

Nistmaterial zugedeckt, halten es die Jungen sogar kurze Zeit ohne die Körperwärme der Eltern aus.
Die Neugeborenen kommen nackt und mit geschlossenen Augen zur Welt, auch wenn man bereits duch die durchscheinende Haut über den Augen erkennt, ob die Augenfarbe hell oder dunkel ist. Daraus läßt sich bedingt ableiten, welche Fellfarben die Jungen haben werden (→ Farbvarianten züchten, rechts).
Die ersten Haarspitzen sind nach etwa vier Tagen sichtbar. Zwei Wochen später kann man, vor allem bei den Weibchen, das Geschlecht sicher erkennen. Die Ansätze der insgesamt acht Zitzen sind erkennbar. Sie scheinen deutlich durch das noch dünne Bauchfell hervor. Später, wenn das Fell dichter wird, läßt sich das Geschlecht schwerer bestimmen.
Hinweis: Fassen Sie die Kleinen in den ersten Tagen nicht an. Werfen Sie nur einen Blick ins Nest, wenn es die Mutter einmal verlassen hat.
Nach knapp 3 Wochen öffnen sich zum ersten Mal die Augen der Jungtiere. Aber schon kurz davor beginnen sie, die »Welt« zu erkunden. Verläßt ein Kleines das Nest zu weit, packt die Mutter es mit der Schnauze und trägt es ins Nest zurück (→ Foto, Seite 36).
Ab der 3. Lebenswoche beginnen die Jungtiere, selbst Nahrung zu suchen. Die ersten Haferflocken werden probiert und auch schon Sonnenblumenkerne mit erstaunlichem Geschick enthüllst. Die Trinkflasche muß jetzt etwas tiefer gehängt werden, damit die Kleinen sie gut erreichen können. Jetzt sind sie in ihrem »Flohstadium« und springen schon mal vor lauter Lebenslust mit allen Vieren gleichzeitig in die Höhe. Von der Gesundheit her gesehen befinden sie sich jetzt in einer kritischen Phase, denn die Abwehrkräfte gegen Krankheiten sind noch nicht voll ausgebildet. Mit 4 bis 5 Wochen sind die Jungtiere völlig selbständig.

Farbvarianten züchten

Neue Farbvarianten entstehen spontan durch Mutation eines der Gene, die die Farbbildung steuern. Dies geschieht jedoch ausgesprochen selten. Da Rennmäuse inzwischen aber sehr zahlreich gezüchtet werden, sind in letzter Zeit einige neue Farben bekanntgeworden (→ Seiten 12/13 und Siamese, Seite 17). Die gezielte Farbzucht versucht, die neue Farbvariante zu erhalten und mit anderen Farben neu zu kombinieren. Dies ist oft nicht einfach, da dominante Gene die Farbeigenschaften des gesuchten rezessiven Gens überdecken können. Man sieht einer Rennmaus nicht immer an, was genetisch in ihr steckt. Farbzüchtung ist daher immer auch ein bißchen Glückssache.
Bislang sind 6 verschiedene Farb-Genbereiche (Genloci) in den Erbanlagen bekannt, die in der Fachliteratur mit A, C, E, G, P und Sp abgekürzt werden (Große Buchstaben kennzeichnen dominate Farbeigenschaften, kleine Buchstaben rezessive, also verdeckte).
Folgende Genwirkungen sind bekannt:
1. A = Agoutimuster. Wildfarbe. Die Haare des Rückenfells haben drei Farbzonen: Die Haarbasis (Unterfell) ist dunkelgrau, weiter außen folgt eine gelbe Zone und die dunkle Haarspitze. Dies ergibt einen braunmelierten Eindruck. Die Bauchseite ist hell.
aa = Alle Haare sind einfarbig schwarz.
2. C = Color: volle Farbbildung.
chch = Himalaja-Albino (weiß, Augen pink, Schwanz kann etwas gefärbt sein).
Ein neues Farbgen, vorläufig cb genannt, führt zu »Mardern« und »Colourpoint«: Der Rumpf ist mehr oder weniger aufgehellt, alle Extremitäten sind auffällig dunkel.
3. E = Haarbasis dunkelgrau. ee = Das Farbgen der »Füchse«. Haarbasis rötlich gelb. Jungtiere rötlich, bleichen dann aus. Ältere »Schimmel« sind weiß, nur der Schwanz ist noch orange.

Die Farbschläge auf einen Blick

Farbname/Aussehen	Erbanlagen				
Agouti (wildfarbig)	A-	C-	E-	G-	P-
Gold (Zimt)	A-	CC	E-	G-	pp
Silberagouti	A-	C-	E-	gg	P-
Algierfuchs	A-	C-	ee	G-	P-
Colourpoint-Agouti*	A-	cbcb	E-	G-	P-
Schwarz aa	C-	E-	G-	P-	–
Platin (Lilac, Grau) aa	CC	E-	G-	pp	–
Anthrazit aa	C-	E-	gg	P-	–
Kohlfuchs	aa	C-	ee	G-	P-
Marder (=Burmese)*	aa	cbcb	E-	G-	P-
Weiß (albinoartig)	–	chch	–	–	–
Schimmel*	–	C-	??	G-	P-
Beispiele für weitere Kombinationsfarben					
Platin, hell (hellgrau)	aa	Cch	E-	G-	pp
Elfenbein A-	CC	E-	gg	pp	
Polarfuchs	A-	C-	ee	gg	P-
Marder, hell (Siamese)*	aa	cbch	E-	G-	P-

*: Neue Farbe, Gencode noch nicht bestätigt.

Viele weitere Kombinationen und alle Farben auch als Schecken (Spsp) möglich.

4. G = gelbe Farbzone bei Agoutihaaren, gg = keine gelbe Farbe (Silberagouti)

5. P = graue Bereiche im Haar dunkel, dunkle Haarspitze, Augen dunkel.
pp = dunkles Farbpigment ist vermindert. Graue Bereiche im Haar aufgehellt, keine dunkle Haarspitze, Augen rubin.

6. Spsp = Scheckung: Hals, Nacken, Fuß- und Schwanzspitze, Bauch und Rücken teilweise weiß (sehr variabel). spsp = ungescheckt.

Beim Weibchen (links) liegen Geschlechtsöffnung und After dicht hintereinander, außerdem sind die 8 Zitzen zu erkennen. Das Männchen (rechts) hat deutlich erkennbare Hoden am Schwanzansatz.

VERHALTEN UND BESCHÄFTIGUNG

Damit Rennmäuse ihre faszinierenden Verhaltensweisen zeigen, brauchen sie vor allem den Kontakt zu Artgenossen, möglichst häufigen Auslauf in der Wohnung, einen geräumigen Käfig und abwechslungsreiche Beschäftigungsmöglichkeiten.

Die Verhaltensweisen der einzelnen Rennmaus

Die Mongolische Wüstenrennmaus ist von ihrem Wesen her ausgesprochen neugierig, zutraulich und ein »Nagetier« im wahrsten Sinne des Wortes. Außer Steingut und hartem Metall ist kaum etwas vor ihren Zähnen sicher.

Ihre Lieblingsbeschäftigungen sind Scharren und Nagen. In der Natur finden sie dabei Nahrung und durch Scharren erweitern sie ihre Erdhöhle um neue Gänge und Höhlen.

Streunen: Rennmäuse inspizieren in der Natur, aber auch im Käfig, täglich ihr Revier. Im Freiland tun sie dies einerseits, um Nahrung zu suchen, aber auch, um ihr Revier gegen Eindringlinge zu verteidigen, die Platz und Futterquellen streitig machen könnten. Sie kontrollieren, ob überall noch Duftmarken ihr Eigentum kennzeichnen, und wenn sie, neugierig wie sie sind, zufällig ein Stück Land in ihrer Nähe finden, das ihnen noch nicht gehört, so wird dies durch besonders fleißiges Markieren in Besitz genommen.

Rennmaus in Aktion. Für Rennmäuse gibt es immer etwas zu entdecken, erklettern, zu stöbern oder zu schnüffeln.

Sich putzen: Die reinlichen Rennmäuse putzen sich oft mehrmals am Tag ausgiebig. Besonders nach den Mahlzeiten können Sie dies beobachten. Dabei befeuchtet die Rennmaus mit der Zunge ihre Pfoten und streicht mit ihnen Schnauze und Tasthaare sauber. Die beiden Pfötchen greifen allmählich immer weiter nach oben und reinigen das Fell bis knapp hinter die Ohren.

Ist die Schnauze bekleckert, z. B. von Joghurt, macht sich die Rennmaus vor dem Putzen ganz lang und schiebt dabei die Schnauze seitlich durch die Einstreu, um schon mal das Gröbste zu entfernen.

Der Schwanz wird nach vorne geholt, durch beide Vorderpfoten gezogen und saubergeleckt. Die Hinterpfoten durchkämmen das Fell am Körper und greifen auch ganz vorsichtig in die Ohren, um sie innen zu säubern.

Der Bauch und die Flanken werden mit den Zähnen durchkämmt und mit der Zunge saubergeleckt. Nacken und Rücken kann die Maus nur schwer erreichen. Hier wird gerne die Hilfe der Artenossen angefordert (→ Seite 46).

Hinweis: Rennmäuse nehmen auch ab und zu gerne ein Bad im feinen Sand, wobei sie sich blitzartig um ihre Längsachse drehen. So wird das Fell von überschüssigem Fett und Schmutz befreit. Wasserbäder dagegen mögen Rennmäuse nicht. Doch für den Fall, daß sie versehentlich einmal ins Wasser fallen, können sie sogar schwimmen. Sie sind jedoch heilfroh, wenn man sie aus dem nassen Element befreit und sehen zu, daß sie sich so schnell wie möglich in der Einstreu trockenreiben können.

Nahrung aufnehmen: Bei der Nahrungsaufnahme stützt sich die Rennmaus mit ihren großen Hinterpfoten und dem Schwanz ab, damit sie frei mit den Vorderpfoten hantieren kann. Mit dem Näschen wird das Futterangebot auf besondere Leckerbissen hin überprüft. Uninteressantes scharrt die Rennmaus mit den Vorderpfoten zur Seite. Mit Hilfe von Schnauze und Pfote nimmt sie das Futter auf.

Hat die Rennmaus einmal einen echten Leckerbissen wie etwa einen Sonnenblumenkern gefunden, verstaut sie ihn im Maul, wendet sich rasch zur Seite ab und verschwindet in einem Käfigversteck, um das begehrte Futter dort in aller Ruhe zu verzehren. Manchmal passiert es, daß ein Artgenosse alles beobachtet hat und blitzschnell hinterherläuft, um den Leckerbissen zu stibitzen.

Übrigens ist es erstaunlich, wie geschickt und flink eine Rennmaus mit Hilfe ihrer kleinen Pfötchen einen Sonnenblumenkern zwischen den scharfen Nagezähnen hin- und herbewegt, um die Schale am Rand aufzubeißen. Schließlich wirft sie die Schale weg, ergreift den freigelegten Kern mit beiden Vorderpfoten und frißt ihn genüßlich auf.

Von überschüssigem Futter legen sich Rennmäuse Vorräte für schlechtere Zeiten an. In ihrem natürlichen Lebensraum fand man in Erdbauten »Speisekammern«, die mehr als 20 kg Körner enthielten. Im Freiland beteiligt sich im Herbst die gesamte Rennmaussippe

***Zeichnung oben:** Vor dem Kampf beschnuppern sich die Gegner ausgiebig.*
***Zeichnung unten:** Mit den Vorderpfoten wird aufeinander eingetrommelt.*

am Sammeln der Vorräte. Unsere Rennmäuse im Käfig legen dagegen meist nur kleine Vorräte an, die aber wie in der Natur sorgfältig mit der Schnauze festgestoßen und hinter Einstreu versteckt werden.
Trinkwasser wird mit der Zunge von der Trinkflasche abgeleckt, bei großem Durst in sehr rascher Folge.
Hinweis: Sollten Sie Ihre Rennmaus einmal an der Käfigwand lecken sehen, so ist das oft ein Zeichen von Durst. Prüfen Sie, ob die Trinkflasche vielleicht verstopft ist.
Nestbau: Sowohl bei einem Leben in freier Natur als auch im Käfig spielt das gemütliche, wärmende Nest eine zentrale Rolle für die Rennmäuse. Nach dem Großreinemachen im Käfig können Sie beobachten, wie schnell die Tiere dabei sind, ihr Nest wieder herzurichten. Der Nestbau erfolgt in mehreren Schritten: Zuerst wird grobes Ausgangsmaterial, dort wo es gefunden wird, zu Holzspänen, kürzeren Grashalmstückchen oder Papierfetzen zerkleinert (→ Einstreu, Seite 30). Davon nimmt die Rennmaus ein kleines Bündel quer ins Maul und versucht, damit auch durch enge Röhren hindurch zum Nest zu gelangen. Manches ist jedoch noch zu sperrig und muß vorher noch weiter zernagt werden. Oft arbeiten die einzelnen Familienmitglieder beim Nestbau »Hand in Hand«: Eine Rennmaus zerkleinert Material, die andere transportiert es zum Nest. So bildet sich schließlich eine Ansammlung von Nestbaumaterialien mit einem Durchmesser von etwa 15 bis 20 cm.
Jetzt fehlt aber noch die Nistmulde. Dazu klettert die Rennmaus oben auf das Nest oder wühlt sich hinein, dreht sich dann im Kreis und scharrt gleichzeitig mit den Vorderpfoten Nistmaterial zur Seite. Damit es richtig gemütlich wird, muß das Nest noch ausgepolstert werden. Papier wird ganz fein gekräuselt, grobe Halme zu feinsten Fasern zernagt und alles wird filzig ineinander verwoben.

Die Verhaltensweisen der Rennmaus in der Gruppe

Rennmäuse haben einen engen sozialen Kontakt zu den eigenen Familienmitgliedern, verteidigen aber resolut ihr gemeinsames Revier gegen fremde Eindringlinge. Das gesellige Beisammensein hat im Verhalten mit Sicherheit die größte Bedeutung. Scheu und einsam wäre eine Rennmaus, könnte sie sich nicht im Nest eng an einen Partner anschmiegen, ihm mit großem Wohlbehagen das Fell pflegen oder auch nur umhertollen und ihm vielleicht auch mal einen Futterhappen stibitzen. Besonders junge Tiere balgen sich gerne mit Altersgenossen. Spielerisch lernen sie, sich gegenüber anderen durchzusetzen. Dies ist für sie ausgesprochen wichtig, wenn es später gilt, das Revier zu verteidigen.

Eine wilde Jagd durch den Käfig beginnt.

DOLMETSCHER

Wenn Sie die Rennmaussprache lernen möchten, müssen Sie die Verhaltensweisen Ihrer Rennmaus richtig deuten können.

Dieses Verhalten zeigt meine Rennmaus.

? *Was drückt meine Rennmaus damit aus?*

! *So reagiere ich richtig auf ihr Verhalten!*

Die Mutter pflegt das Fell der Jungen.

? Die Jungen wurden angenommen.

! Nicht in die Nachwuchspflege eingreifen.

Ein Junges krabbelt außerhalb des Nestes.

? Ein Versehen oder erster Ausflug.

! Nicht eingreifen. Die Mutter trägt es zurück.

Aufmerksam nehmen die Tiere ihre Käfigumwelt wahr.

? Rennmäuse sind sehr neugierig.

! Gestalten Sie den Käfig abwechslungsreich.

Beißerei im Käfig.

? Entweder Aggression oder Paarungsritual.

! Bei Beißereien die Tiere trennen.

Die Rennmaus frißt ihren eigenen Kot.

? Sie nimmt dabei wichtige B-Vitamine auf.

! Nicht eingreifen.

Die Rennmausmutter trägt ein Junges.

? Schützendes Instinktverhalten.

! Keinesfalls eingreifen.

Die Rennmaus sichert.

? Instinktverhalten.

! Lärm, Gerüche und anderes Ungewohnte vermeiden.

Alle Jungen im Freßnapf.

? Neues Futter wird gern probiert.

! Abgewaschenes Obst zuvor trockentupfen.

Die Rennmäuse betrommeln sich mit den Vorderpfoten.

? Ein friedliches oder feindliches Verhalten.

! Nur eingreifen. wenn es zu Beißereien kommt.

Eine Rennmaus beschnüffelt eine andere am Bauch.

? Sie will Geruch und Geschlecht der anderen erkennen.

! Nur bei Streit eingreifen.

Schlafen: Ein gut gepolstertes Nest, in dem mehrere Rennmäuse zusammen schlafen, hält im strengen mongolischen Winter besser warm. Alle Rennmäuse einer Familie schlafen zusammen in einem Nest. Dort liegen sie eng aneinandergekuschelt. In größeren Familien liegen sie auch schon einmal zu dritt übereinander, ohne daß es die unteren stören würde. Der tiefe Schlaf wird in der Regel durch langsames Krabbeln aus dem Nest und ein langgestrecktes Gähnen beendet. Schlaf- und Wachphasen wechseln sich etwa alle 4 Stunden ab.

Soziale Fellpflege: Nacken- und Rückenfell sind für die einzelne Rennmaus beim Putzen nur schwer zu erreichen. Deshalb wird gern die Hilfe eines Artgenossen in Anspruch genommen. Die gegenseitige Fellpflege hat aber noch eine weitere Bedeutung. Rennmäuse zeigen so, daß sie einander mögen. Zur Aufforderung legt dabei eine Rennmaus ihren Kopf schräg unter den einer anderen. Diese durchkämmt dann mit den Nagezähnen besonders die Bereiche nahe beim Kopf, also Kinn und Halsbereich, Wangen und Nacken, aber auch andere Stellen, wenn es sich gerade so ergibt. Dieser enge Kontakt findet häufig im Nest statt. Leises Wispern oder Fiepen ist dann manchmal von den Rennmäusen zu hören. Die Rennmaus, die gerade geputzt wird, bietet von sich aus die Körperpartien an, wo ihr die Fellpflege besonders angenehm ist. Sie wehrt sich aber auch durch sanfte Fußtritte oder behutsames Wegstoßen, wenn es ihr zu heftig wird.

Gegenseitige Fellpflege dient zudem dem Austausch von individuellen Duftstoffen, die zusammen mit dem Speichel abgegeben werden.

Wie sich Rennmäuse begegnen

Begegnen sich zwei Rennmäuse in ihrem Revier, laufen sie neugierig aufeinander zu und prüfen, ob es sich bei dem Artgenossen um ein Mitglied der Sippe oder etwa um einen Eindringling handelt. Um dies zu unterscheiden, wird zuerst die Nase, dann das Fell und die Afterregion des anderen beschnuppert. Unter Freunden kann sich daraus auch mal eine kleine Balgerei entwickeln, Feinde werden verbissen.

Eher selten richten sich Rennmäuse bei einer Begegnung gegeneinander auf und betrommeln sich. Dieses gegenseitige Kräftemessen (»Boxkampf«), wird zur Klärung der Rangordnung ausgetragen.

Sich fremde Tiere bilden meist rasch nach dem ersten Schnuppern ein in sich wild verbissenes Knäuel, wobei die schwächere oder revierfremde Rennmaus so schnell wie möglich die Flucht suchen wird.

Das Familienleben der Rennmäuse

In einer Rennmausfamilie kommt es selten zu ernstem Streit. Balgereien unter den Jugendlichen sind jedoch an der Tagesord-

Der Körperkontakt zu Artgenossen ist für Rennmäuse besonders wichtig.

nung. Im spielerischen Kampf bereiten sie sich so darauf vor, später, falls nötig, fremde Eindringlinge abwehren zu können.

Innerhalb der Gruppe bildet sich meistens eine eindeutige Rangordnung aus. Nur das Elternpaar vermehrt sich. Jüngere geschlechtsreife Weibch, die in der Gruppe leben, bekommen in der Regel keinen Nachwuchs. Es gab aber auch schon Ausnahmen.

Wird die Gruppe mit der Zeit zu groß und der Käfig zu eng, kann es zu ernsthaften Raufereien unter den Rennmäusen kommen. Einzelne Tiere werden von anderen zunehmend verfolgt. Sie flüchten in einen Unterschlupf und geben durch intensives Fiepen dem Angreifer zu erkennen, daß sie zurückbeißen werden, wenn er sie nicht in Ruhe läßt.

Schließlich kann es auch zu Beißereien zwischen den ranghöchsten Eltern und den jeweils gleichgeschlechtlichen, erwachsen werdenden Jungtieren kommen.

In der Natur ist dies die Zeit, wo Junge das häusliche Nest verlassen und sich auf Wanderschaft begeben müssen. Beim Durchqueren eines fremden Reviers müssen die jungen Rennmäuse so manchen Zweikampf bestehen. Mit etwas Glück treffen sie jedoch unterwegs einen geeigneten Partner, finden vielleicht auch ein Stückchen unbesetztes Land und gründen eine neue Familie.

Im Käfig dagegen können Rennmäuse weder fliehen, noch sich ein eigenes Revier zulegen. Wenn es zum Streit kommt, bleibt Ihnen nichts anderes übrig, als die Tiere zu trennen.

In einer kontrollierten Rennmauszucht wird man junge Tiere etwa mit 6 bis 8 Wochen von den Eltern trennen, neue Paarungen vornehmen und den überzähligen Nachwuchs in gute Hände abgeben.

Am besten gewöhnen sich junge Tiere bis zu einem Alter von 8 Wochen aneinander. Um eine Zucht zu beenden, muß man Weibchen und Männchen einer Familie trennen, ein junges Weibchen bleibt bei der Mutter und ein junges Männchen beim Vater. So werden sie in trauter Zweisamkeit weiterleben können.

Bedenken Sie bei Ihrer Planung, daß das Weibchen bereits am selben Tag, an dem sie Junge zur Welt bringt, erneut gedeckt werden kann.

Hinweis: Die enge Familienbeziehung hat nur Bestand, solange die Rennmäuse täglich beieinander sind und gegenseitig ihren Duft austauschen können.

TIP

Für Rennmäuse wichtig

✔ Rennmäuse sind gesellige Nagetiere, die sich am liebsten mit Artgenossen beschäftigen. Sie brauchen es, in einem Nest zu schlafen und sich gegenseitig das Fell zu pflegen.

✔ Ein untergliederter Käfig mit verschieden gestalteten Bereichen ist für die Rennmäuse wichtig, damit sie ihren unterschiedlichen Verhaltensweisen (schlafen, streunen, putzen etc.) an verschiedenen Plätzen im Käfig nachgehen können.

✔ Sehr gut zum Nagen geeignet sind Heu, Papier, Pappröhren, Zweige und weiches Kistenholz. Heu darf nicht durch Kot und Urin von einheimischen wildlebenden Mäusen verunreinigt sein.

✔ Rennmäuse, die länger als zwei bis drei Tage von ihrer Familie getrennt wurden, werden oft als Fremde und Eindringlinge angegriffen.

✔ Vergessen Sie nicht, den Tieren gelegentlich Auslauf zu gewähren!

Die quirligen Rennmäuse wollen immer etwas zu tun haben. Sorgen sie deshalb auch im Käfig für Abwechslung und Anregung. Auf ausgedehnte Spielstunden zusammen mit ihrem Pfleger sind Rennmäuse dagegen weniger angewiesen, zumal sie in ihren Artgenossen hervorragende »Spielkameraden« haben.

Abenteuerspielplatz im Käfig. Leitern und Wurzeln sorgen für aufregende Kletterpartien.

Nagen

Zu den Grundbedürfnissen einer Rennmaus zählt das Nagen. Gönnen Sie Ihren Tieren deshalb sooft wie möglich ausgiebigen Knabberspaß. Sehr gerne, besonders auch im Winter, benagen Rennmäuse Zweige von Obstgehölzen und Birken. Lassen Sie die Rennmäuse nach einem Käfig-Großputz (→ Seite 28) ihren Käfig selbst neu einrichten. Besorgen Sie dazu beim Gemüsehändler weiches unbehandeltes Kistenholz und geben Sie den Tieren Stücke davon. Nägel und Klammern müssen allerdings entfernen werden, damit sich die Rennmäuse beim Nagen nicht verletzen. Es ist erstaunlich, wie rasch zunächst größere Holzspäne abgenagt werden und oft Käfiggenossen herbeikommen, um das zerkleinerte Holz zum Nest zu tragen. Hier wird es dann mit großem Fleiß schon in kurzer Zeit zu ganz feiner Holzwolle zerfasert.

Wühlen, verstecken, klettern...

Rennmäuse lieben es, wenn sie Gänge in die Einstreu buddeln können (→ Seite 16). Damit die Gänge nicht so schnell wieder zusammenfallen, sollten Sie für mehr Stabilität durch Heu oder auch saubere Eierschachteln sorgen, die einfach auf die Einstreu gegeben werden.

Hinweis: Rennmäuse, die keine Möglichkeit haben, Gänge zu graben, scharren oft in einer Käfigecke.

Dieses Klettergerät gibt es im Zoofachhandel zu kaufen.

Röhren sorgen für Spannung

Röhren jeder Art sind ausgesprochen interessant für Rennmäuse. Es erinnert sie scheinbar an die Gänge ihres natürlichen Baus. Das innere Pappröhrchen einer Klopapier- oder Küchenrolle wird sofort inspiziert. Doch da sich das Material so gut zernagen läßt, liegen bald nur noch kleine Kartonstückchen auf dem Käfigboden. Dauerhafter sind Plexiglasröhren (50 mm Durchmesser, 5 mm stark) und obendrein können Sie beobachten, wie darin gescharrt wird, oder eine Rennmaus die andere anstubst, wenn sie ihr den Weg versperrt. Begegnungen in der engen Röhre verlaufen manchmal auch folgendermaßen: Obwohl jede die Röhre mit ihrem Körper fast ausfüllt, machen sie sich lang und dünn und kriechen übereinander hinweg.

In den Pappröhren kann man sich nicht nur herrlich verstecken, sie lassen sich auch zernagen.

Dieses zwanghafte (= »stereotype«) Scharren ist eine Ersatzbefriedigung für fehlende arttypische Beschäftigungsmöglichkeiten.

Aus groben Holzstücken lassen sich im Käfig Nischen bilden, die gerne als Versteck aufgesucht werden.

Klettersteine und -wurzeln (aus dem Zoofachhandel), auch Etagenkäfige sorgen für aufregende Kletterpartien und die Entwicklung eines ausgeprägten Gleichgewichtssinns.

Laufrad

Ein Laufrad (18 cm Durchmesser) im Käfig ersetzt den Auslauf nicht - es ergänzt ihn nur. Gönnen Sie deshalb Ihren Rennmäusen immer wieder: den Auslauf in der Wohnung.

Streicheleinheiten

Tägliche Streicheleinheiten mögen Rennmäuse sehr. Lassen Sie am besten gleich zwei ihrer Lieblinge auf die in den Käfig gehaltene Hand klettern. Zahme Rennmäuse kann man so problemlos aus dem Käfig herausnehmen. Sie verharren oft eine ganze Weile lang still auf der Hand, lassen sich am Nacken und an der Seite kraulen. Manchmal piepst die Rennmaus leise vor Wohlbehagen oder fängt gar zu schnurren an: nicht zu hören, aber deutlich in der Hand zu spüren. Schon bald siegt aber ihre unbändige Neugierde. Erst klettert sie am Pullover empor, wird aber schnell der Versuchung nicht widerstehen können, frei im Raum umherzulaufen.

Wenn Rennmäuse zahm sind, klettern sie gern auf »ihrem« Menschen herum.

Die Sinnesleistungen

Sehen: Die auffällig großen, hervorstehenden Augen ermöglichen es der Rennmaus, immer die gesamte Umgebung im Blickfeld zu haben. Zwar ist das räumliche Sehen nicht besonders gut ausgeprägt, da die Blickfelder der Augen sich kaum überlappen. Doch die Rennmaus behilft sich folgendermaßen: Durch ständiges Auf- und Abwärtsbewegen des Kopfes ist sie in der Lage, den sich stärker im Blickfeld ändernden Vordergrund vom ruhenden Hintergrund zu unterscheiden. So kann sie Entfernungen recht genau abschätzen. Bewegungen werden offenbar besonders gut wahrgenommen. Schon ein kleiner Schatten am Himmel, der einem Raubvogel und somit einem Feind entsprechen könnte, veranlaßt die Rennmaus, sich sofort in Sicherheit zu bringen. Während man noch bis vor einigen Jahren glaubte, daß Rennmäuse lediglich schwarzweiß sehen, weiß man inzwischen, daß sie auch Farben unterscheiden können. Sie nehmen sogar einen Teil des für uns unsichtbaren UV-Lichts wahr. Auch verschiedene Muster können unterschieden werden.

Hören: Das Gehör der Rennmäuse ist sehr gut ausgeprägt. Sie vernehmen im Gegensatz zu uns Menschen hohe Töne bis weit in den Ultraschallbereich hinein. Tiefere Töne, wie z. B. das Trommeln mit den Hinterpfoten, das Rennmäuse als Warnlaut abgeben, werden auch aus großer Entfernung noch gehört.

Riechen: Der Geruchssinn ist bei Rennmäusen hervorragend entwickelt. Er ist sowohl für die Nahrungssuche wichtig, als auch im täglichen Umgang miteinander. Freund oder Feind z. B. unterscheiden Rennmäuse am Geruch des Artgenossen. Rennmäuse haben eine große Duftdrüse am Bauch, mit der das Revier markiert wird und auch im Urin werden Duftinformationen an Artgenossen weitergegeben.

Tastsinn: Im dunklen Bau können sich Rennmäuse besonders anhand ihrer Tasthaare, die sich an der Schnauze befinden, orientieren. Auch die Pfötchen sind sehr tastempfindlich.

Orientierung: Rennmäuse haben ein hervorragendes Orientierungsvermögen. Auch in unbekanntem Gelände sind sie durch eine Art inneren Kompaß in der Lage, sich gut zurechtzufinden. Wegstrecken und Richtungsänderungen werden genau registriert. So weiß die Rennmaus stets, in welcher Richtung ihr Nest liegt.

Durch Scharren mit den Vorderpfoten in der Einstreu sucht die Rennmaus nach Futter und buddelt Gänge.

Tips zum Beobachten

Nagen	Welches Material wird bevorzugt? Wie fein wird Kistenholz zernagt? Spielt die Holzart und -dicke eine Rolle?
Laufen	Hoppelt die Rennmaus wie ein Kaninchen oder fast wie ein Känguruh, oder läuft sie auch im Wechselschritt? Welche Gangart wird bei welcher Geschwindigkeit bevorzugt?
Klettern	Am Gitter klettert die Rennmaus ohne Probleme, aber wie schafft sie es, in einer Röhre nach oben zu klettern? Wie muß die Röhre beschaffen sein: Plastik, Karton oder geriffeltes Drainagerohr? Wie weit kann sie die Beine in einer Röhre abspreizen? Wie hoch kann eine Rennmaus springen, um eine Röhre zu erreichen?
Putzen	Wie oft putzt sie sich? Wird eine bestimmte Reihenfolge eingehalten? Welche Stellen läßt sie sich gerne von Käfiggenossen putzen?
Nestbau	Welche Materialien werden bevorzug?. Wie wird sperriges Material zerkleinert, wie transportiert? Wie oft wird das Innere des Nests ausgewechselt?
Zurücktragen von Jungtieren	Entfernt sich ein Junges zu weit vom Nest, trägt es die Mutter zurück. Wie wird ein Junges gepackt? Bis zu welchem Alter?
Tragstarre	Eine Rennmaus, die am Rückenfell gepackt wird, verfällt in eine sogenannte Tragstarre. Wie lange erduldet sie diesen Zustand? Ist sie wirklich erstarrt oder wie reagiert sie, wenn Sie behutsam auf die Hinterbeine drücken? Beißt sie, wenn man mit einem Gegenstand auf die Vorderpfoten drückt oder in die Nähe des Kopfes kommt?
Schreckverhalten	Rennmäuse warnen Artgenossen durch Trommeln mit den Hinterbeinen. Versuchen Sie, das Geräusch und den Rhythmus möglichst gut nachzuahmen. Wie reagiert die Rennmaus?
Augenzwinkern	Schauen Sie einer in der Hand gehaltenen Rennmaus genau in die Augen. Wird sie Sie erkennen und ein Augenzwinkern erwidern?
Orientierung und Lernen	Neigen Sie eine Rennmaus seitwärts, so dreht sich der Schwanz augenblicklich in die gleiche Richtung. Der Drehimpuls bringt den Körper in Horizontallage. Rennmäuse kommen beim Fallen immer mit den Füßen auf. Ändern Sie mal die Anordnung im Käfig oder beim Freilauf. Die Rennmaus begutachtet das neue Gelände besonders aufmerksam, läuft aber zwischendurch immer zum bekannten Ausgangspunkt zurück. Sie prägt sich das neue Gelände ein, bis es fest im Gedächtnis verankert ist.

GESUNDHEITSVORSORGE UND KRANKHEITEN

Gut gepflegte Rennmäuse werden selten krank. Achten Sie besonders auf eine artgerechte Haltung, gesunde Ernährung und Sauberkeit. Veränderungen im Verhalten gilt es so früh wie möglich zu erkennen, denn sie können erste Krankheitszeichen sein.

Krankheiten vorbeugen

1. Streß vermeiden: Streß macht Rennmäuse allgemein anfällig für Krankheiten. Ein abwechslungsreich gestalteter Käfig mit vielen Versteck- und Beschäftigungsmöglichkeiten gibt den Tieren ein Gefühl der Geborgenheit und Sicherheit. Auch der tägliche liebevolle Umgang ohne unnötige Störungen der Ruhepausen fördert die Widerstandskraft Ihrer Rennmäuse.

2. Feuchtigkeit vermeiden: Feuchtigkeit im Käfig vertragen Rennmäuse, die ja aus vorwiegend trockenen Gebieten stammen, sehr schlecht. Feuchte Einstreu muß sofort ersetzt werden. Achten Sie auch darauf, daß kein Wasser aus der Trinkflasche in die Einstreu läuft. Der Käfig muß zwar gut belüftet sein, aber Zugluft ist unbedingt zu vermeiden.

3. Gesunde Ernährung: Rennmäuse sind dankbar für abwechslungsreich zusammengestelltes Futter und regelmäßige Fütterzeiten (→ PRAXIS-Seite 34/35). Vermeiden Sie grundlegende Futterumstellungen. Eine Rennmaus mit Übergewicht (über 100 g) sollte mehr Auslauf und Futter mit geringerem Fettanteil (insbesondere weniger Sonnenblumenkerne) bekommen. Entfernen sie überschüssige Frischkost und feucht gewordenes Futter, ehe es verdirbt.

4. Sauberkeit ist wichtig: Eine gründliche Käfigreinigung ist mindestens alle 4 Wochen nötig. Die Trinkflasche muß alle 2 bis 3 Tage, spätestens aber nach einer Woche mit heißem Wasser gesäubert und mit frischem Wasser aufgefüllt werden. Hantieren Sie nur mit sauberen Händen im Käfig!

Die gesunde Rennmaus sichert aufmerksam. Droht Gefahr?

Erste Krankheitsanzeichen

Wenn Sie sich täglich eingehend mit Ihren Rennmäusen beschäftigen, werden Sie auch kleine Veränderungen im Verhalten und Aussehen frühzeitig erkennen. Allgemeine Krankheitszeichen sind: Trägheit, struppiges Fell, gekrümmter Rücken, verklebte Augen und Appetitlosigkeit. Falls Sie die mögliche Krankheitsursache nicht selbst herausfinden und abstellen können, sollten Sie nicht zögern, einen Tierarzt zu Rate zu ziehen.

Wenn Sie den Verdacht haben, daß eine Rennmaus krank oder verletzt ist, nehmen Sie sie am besten behutsam aus dem Käfig. Halten Sie sie in der hohlen Hand oder für kurze Zeit auch an Nacken und Schwanzwurzel (→ Zeichnung, Seite 18). Kontrollieren Sie die Rennmaus eingehend auf erkennbare Krankheitszeichen (→ Checkliste, Seite 57). Sie braucht jetzt Ruhe und muß an einem warmen Platz (um 25 °C) mit genügend weichem und wärmendem Nistmaterial gehalten werden (→ Zeichnung unten). Bei Durchfall oder apathischem Verhalten sollten Sie die kranke Rennmaus vorsorglich von ihren Artgenossen trennen. Die Wiedereingewöhnung gelingt nach zwei bis drei Tagen noch gut. Bei längerer Trennung wird das kranke Tier nicht mehr von den Artgenossen als Sippenmitglied erkannt.

Die wichtigsten Krankheiten

Im folgenden habe ich die häufigsten Rennmaus-Krankheiten beschrieben. Suchen Sie am besten bereits bei den ersten Krankheitsanzeichen mit dem kranken Tier einen Tierarzt auf. Je schneller er eine genaue Diagnose stellen kann, um so erfolgversprechender sind die Heilungschancen.

Verletzungen

Ursachen: Streitende Rennmäuse verbeißen sich manchmal ineinander und fügen sich blutende Bißwunden zu. Verletzungen und Brüche können auch durch Hängenbleiben an Käfigteilen oder im Gitterlaufrad verursacht werden. Der Abstand zwischen dem drehenden Holm des Laufrads und der Halterung sollte so groß sein, daß die Renn-maus sich den Schwanz nicht einklemmen kann.
Behandlung: Streitende Tiere sofort trennen. Aber Vorsicht! Die Gefahr, daß auch Sie gebissen werden, ist in dieser Situation groß. Halten Sie verletzte Rennmäuse auf frischer, sauberer Einstreu. Kleinere Wunden, sogar eine abgerissene Schwanzhaut (→ Richtig halten, Zeichnungen, Seite 18), heilen meist erstaunlich rasch und ohne Ihr Zutun. Die Aussichten, daß sogar ein einfacher Beinbruch unbehandelt wieder heilt, sind übrigens gar nicht so schlecht. Die Rennmaus be-

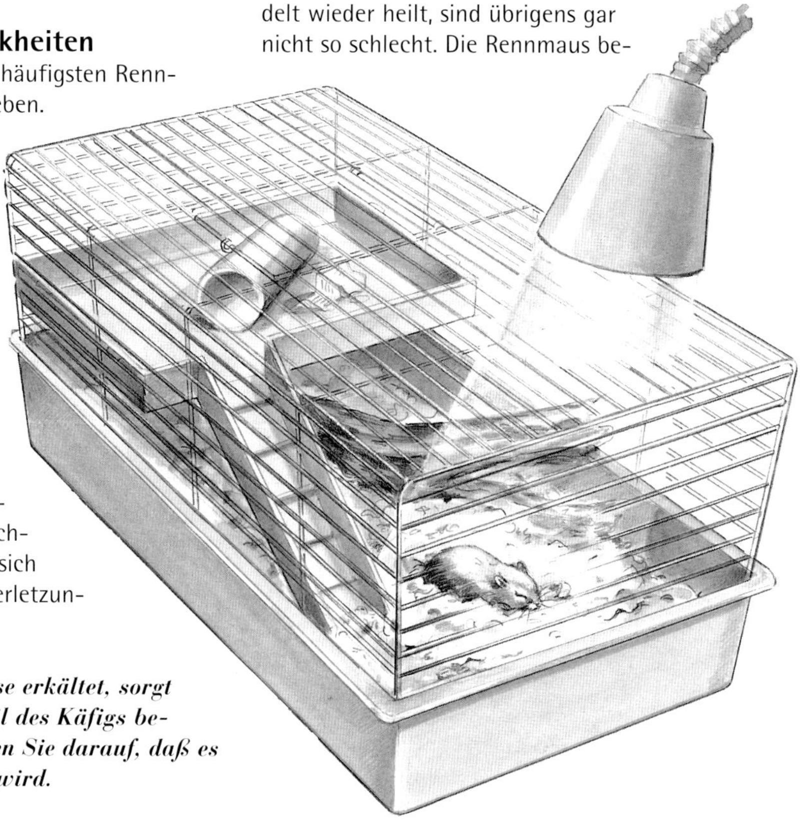

Haben sich die Rennmäuse erkältet, sorgt eine Lampe, die einen Teil des Käfigs bestrahlt, für Wärme. Achten Sie darauf, daß es den Tieren nicht zu heiß wird.

lastet das verletzte Bein von sich aus solange nicht, bis der Bruch verheilt ist. Große oder entzündete Wunden und offene Brüche müssen unbedingt vom Tierarzt versorgt werden.
Hinweis: Falls kein Streit herrscht, kann eine verletzte Rennmaus bei den Artgenossen im gemeinsamen Käfig verbleiben.

Hautkrankheiten

Ursachen: Durch Nagen am Käfiggitter können Wunden entstehen, die sich bakteriell infizieren. Oft sind dann Nase und Pfoten geschwollen und entzündet. Gefahr besteht auch für Augen, Ohren und Atemwege.
Pilzerkrankungen sind bei Rennmäusen zum Glück selten. Gerötete Kahlstellen im Fell können ein Anzeichen für Glatzflechte sein.
Achtung: Vermeiden Sie bei Pilzerkrankungen jeden direkten Kontakt mit dem Tier, da die Krankheit auch für Menschen ansteckend ist!
Behandlung: Der Tierarzt wird ein Antibiotikum gegen Bakterien bzw. Antimykotikum gegen die Pilze verabreichen. Desinfizieren Sie den Käfig (→ Seite 26)! Achten Sie auf strenge Hygiene!

Parasiten im Fell

Krankheitsanzeichen: Ständiges Kratzen im Fell und Verkrustungen auf der Haut.
Ursachen: Milben oder auch Haarlinge, die oft durch neu hinzugekommene Rennmäuse aus unsauberen Beständen eingeschleppt werden.
Behandlung: Lassen Sie sich ein Mittel gegen die Parasiten vom Tierarzt geben und wenden Sie es nach Gebrauchsanweisung an. Käfig gründlich reinigen und Einstreu öfter wechseln. Auf trockene, saubere Einstreu achten!

Erkältung

Krankheitsanzeichen: Schnupfen oder Husten.
Ursachen: Erkältungserscheinungen sind oft eine Folge von Zugluft und Feuchtigkeit, seltener von Hitzestreß. Auch staubige oder unsaubere Einstreu, besonders in Aquarienkäfigen mit unzureichender Luftzufuhr, kann zu allergischen Reizungen der Atemorgane und Augenbindehaut führen. Bei starken Atembeschwerden besteht Verdacht auf Lungenentzündung.
Behandlung: Käfigstandort überprüfen (→ Seite 18). Bei Unterkühlung hilft zusätzlich eine Glühbirne, die aber nur einen Teil des Käfigs er-

TIP

Erste Hilfe für kranke Rennmäuse

Verletzungen: Tiere, die sich beißen, sofort trennen. Stark blutende Wunden mit blutstillendem Alaunstift (aus der Apotheke) betupfen. Tierarzt aufsuchen!
Unterkühlte Rennmaus: Wärmezufuhr durch eine Glühbirne in der Nähe des Käfigs (→ Zeichnung, Seite 54). Erfolgt keine rasche Besserung, sofort zum Tierarzt gehen.
Durchfall: Der Rennmaus schwarzen Tee, noch besser eine spezielle Elektrolyt-Lösung (fragen Sie den Tierarzt) zu Trinken geben. Falls das Trinken verweigert wird, unverzüglich mit der Rennmaus einen Tierarzt aufsuchen.
Hitzschlag: Käfig mit den Rennmäusen sofort in einen kühlen Raum stellen und für genügend Wasser zum Trinken sorgen. Den Kopf des Tieres vorsichtig mit feuchtem Lappen betupfen.
Pflege der kranken Rennmaus: Für Ruhe und ausreichend Wärme sorgen! Futter und Trinkwasser in die Nähe des kranken Tieres stellen!

Das Nagen an Futterkörnern hält die Nagezähne gesund.

wärmen sollte (→ Zeichnung, Seite 54). Bei starken Atembeschwerden die Rennmaus sofort zum Tierarzt bringen!

Durchfall

Krankheitsanzeichen: Appetitlosigkeit, breiiger Kot und ein verschmutztes feuchtes Hinterteil.
Ursachen: Manchmal ist Durchfall nur die Folge einer vorübergehenden Verdauungsstörung. Er kann aber auch erstes Anzeichen von schweren Infektionen sein.
Behandlung: Rennmaus vorsorglich von Artgenossen trennen. Obst oder Grünzeug aus dem Käfig entfernen und nur Körnerfutter und Knäckebrot anbieten. Schwarztee oder eine Elektrolytlösung (beim Tierarzt erhältlich) hilft, den erhöhten Flüssigkeitsverlust im Körper auszugleichen. Käfig gründlich reinigen!
Bessert sich der Zustand nach einem Tag nicht oder wird Nahrung und Flüssigkeit verweigert, unverzüglich einen Tierarzt aufsuchen.

Tyzzer-Seuche

Krankheitsanzeichen: Apathie, gefolgt von raschem körperlichen Zerfall.
Ursachen: Die Tyzzer-Seuche gehört zu den gefährlichsten Rennmauskrankheiten und wird durch bakterielle Erreger übertragen. Die Renn-

maus selbst kann schon lange Träger des Erregers sein, ohne Krankheitszeichen zu zeigen. Plötzlich, z. B. durch Streß, wird die Krankheit ausgelöst.
Behandlung: Nur durch den Tierarzt, der ein Antibiotikum verabreichen kann. Vorbeugend unbedingt auf sauberes Futter und Einstreu achten. Beides vor Verunreinigungen durch Hausmäuse sichern.

Würmer

Krankheitsanzeichen: Abmagerung und Nachlassen der Fruchtbarkeit.
Ursache: Zwischenwirt für Würmer kann die Mehlmilbe sein. Daher immer auf gute Futterqualität achten.
Behandlung: Der Tierarzt kann die Wurmeier in Kotproben nachweisen und ein Medikament dagegen verschreiben.

Krampfanfälle

Krankheitsanzeichen: Die Rennmaus wirkt für einen Moment wie versteinert, bewegt sich unkoordiniert oder liegt plötzlich beinahe regungslos und leicht zuckend auf dem Käfigboden. Schon nach wenigen Minuten erholt sich die Rennmaus wieder.
Ursachen: Manche Zuchtlinien sind anfällig für solche epileptischen Anfälle.
Behandlung: Sorgen Sie für mineralstoffreiche Nahrung (Magnesium ist wichtig) und für eine abwechslungsreiche Käfiggestaltung. Gehen Sie behutsam mit dem Tier um, damit es weniger streßanfällig wird.

Schlaganfall

Krankheitsanzeichen: Plötzliche halbseitige Lähmung. Der Schlaganfall tritt besonders häufig bei älteren Rennmäusen auf.
Behandlung: In manchen Fällen überlebt die Rennmaus den Schlaganfall nicht, andere wie

Checkliste
Gesundheitskontrolle

1 Körperform: Kranke Tiere krümmen den Rücken beim Laufen zu einem Buckel.

2 Augen: Bei verklebten Augen Lider vorsichtig auseinanderziehen. Rötung und Schleimabsonderung sind Krankheitszeichen.

3 Nase: Starke Verkrustungen, feuchte Nase und Wundstellen am Nasenrücken deuten auf Krankheit.

4 Ohren: Verkrustete oder gar blutige Gehörgänge, häufiges Kratzen und eine schiefe Kopfhaltung sind Krankheitsanzeichen.

5 After: Eine verschmierte Afterregion deutet auf Durchfall hin.

6 Fell: Struppiges, mattes Fell und abstehende Haare, Kahlstellen, Rötungen, Verkrustungen oder Bißwunden zeigen eine Krankheit an, ebenso Erhebungen unter der Haut.

7 Zähne: Stehen die Nagezähne richtig zueinander oder kann die Rennmaus das Maul nicht richtig schließen?

8 Gewicht: Eine erwachsene Rennmaus sollte zwischen 80 und 100 Gramm wiegen.

derum erholen sich schnell und erlangen ihre Bewegungsfähigkeit zurück. Sorgen Sie dafür, daß es die kranke Rennmaus warm und so bequem wie möglich hat. Wichtig: Futter und Trinkflasche in die Nähe des Tieres bringen. Konsultieren Sie einen Tierarzt.

Tumoren

Krankheitsanzeichen: Abmagerung, Knoten und Geschwülste (sichtbar oder tastbar).
Behandlung: Äußere Tumoren, relativ häufig sind Knoten in der Duftdrüse am Bauch älterer Rennmäuse, können durch einen erfahrenen Kleintierarzt operiert werden. Bei anderen Tumoren hilft oft nur das Einschläfern des Tieres, um ihm ein qualvolles Leiden zu ersparen.

Transport zum Tierarzt

Erkundigen Sie sich bereits dann nach einem erfahrenen Tierarzt für Kleinnager, solange die Rennmaus noch gesund ist. Im Krankheitsfall ist oft rasche Hilfe nötig, denn Rennmäuse sind ja recht kleine Geschöpfe, die wenig Kraftreserven haben.

Transportieren Sie die Rennmaus im gewohnten Käfig zum Tierarzt, vorausgesetzt, der Käfig ist nicht zu groß und unhandlich. Kleinere Transportkäfige erhalten Sie im Zoofachgeschäft. Erneuern Sie im Krankheitsfall die Einstreu nicht vollständig, sondern geben Sie das bestehende, wärmende Nest und genügend Einstreu zusammen mit Kotproben auch in den Transportkäfig. Kotproben sind unter Umständen wichtig für die Diagnose des Tierarztes.
Sorgen Sie für zusätzliche Wärme, indem Sie eine Wärmflasche in einen großen Karton legen und den Käfig darauf stellen.
Nehmen Sie während des Transports die Trinkflasche aus dem Käfig, denn sie würde durch die Erschütterungen möglicherweise auslaufen. Ein Stückchen Möhre versorgt die Rennmaus zwischenzeitlich mit Feuchtigkeit.
Der Tierarzt kann sich übrigens besser auf den Patienten einstellen, wenn Sie schon am Telefon möglichst genaue Angaben machen können. Wichtig ist für ihn folgendes zu wissen:

- ✔ Welche genauen Verhaltensänderungen sind aufgefallen?
- ✔ Welche Krankheitszeichen erkennen Sie?
- ✔ Wie ist der Kot beschaffen?
- ✔ Wie alt ist die Rennmaus?
- ✔ Wie ist sie untergebracht? Standort, Art des Käfigs? Welche Einstreu?
- ✔ Was wurde gefüttert? Wurde die Futterzusammenstellung gewechselt?
- ✔ Leben Artgenossen zusammen im Käfig?
- ✔ Besteht Kontakt zu anderen Heimtieren?

Das Gitternagen kann verschiedene Gründe haben: der Käfig ist zu eng, Einzeltiere vermissen Artgenossen oder die Rennmaus wittert einen Rivalen.

Krankheitsanzeichen erkennen

Das fällt auf	Mögliche Ursachen, die Sie ggf. selbst abstellen können	Kommen diese Symptome hinzu, sofort zum Tierarzt
Blutende Stellen im Fell, blutige Nase	Kleine Wunden, Wundscheuern an Gitterstäben, Kratzen.	Größere Wunden, Schwellung, Entzündung, eitrige Stellen, Schmerzen, Krämpfe.
Kahlstellen im Fell	Gitternagen, verheilte Wunden, Vitaminmangel, Fellwechsel; Duftdrüse der Bauchmitte (ist nicht krankhaft)	Entzündete gerötete Stellen (evtl. ansteckend! Hautkontakt meiden!).
Ständiges Kratzen im Fell oder Ohr	Unsaubere Haltung.	Pusteln, Verkrustungen, blutige Stellen, Schiefhalten des Kopfes.
Durchfall, verklebtes Hinterteil	Plötzliche Futterumstellung, verdorbenes Futter, Streß.	Trinkt nicht, Appetitlosigkeit, Kümmern, Apathie, geschwollener Unterleib.
Frißt nicht	Trinkflasche verstopft oder leer, schlechtes oder verdorbenes Futter, feuchte Einstreu.	Durchfall, Apathie, Abmagerung, geschwollener Unterleib.
Husten, Schnupfen	Zugluft, feuchte Einstreu, seltener Hitzestreß.	Mattigkeit, starker Nasenfluß, schwere Atmung, Klickgeräusche.
Verklebte Augenlider	Zugluft, staubige Einstreu (Sägemehl), Haare im Auge.	Bindehautentzündung, roter Schleim tritt hervor, stark hervortretende Augen.
Zu lange Zähne	Fehlende Nagemöglichkeiten, Zahnschädigung.	Frißt nicht, Abmagerung, Mund schließt nicht ganz. .
Laufen behindert	Zu lange Krallen, falsche Einstreu, Verletzungen, Vitaminmangel.	Schwellungen, Apathie, Nachziehen der Hinterbeine, Gleichgewichtsstörungen, Lähmung.
Krampfanfälle, plötzliche Reglosigkeit, Zittern	Streß, Mineralstoffmangel, eintöniger Käfig ohne Versteck, kann auch erblich bedingt sein.	Schwere Anfälle (länger als ca. 15 Minuten).
Wucherungen, Knoten	Tumorverdacht, keine eigene Abhilfe möglich. .	Mit diesen Symtomen Tierarzt konsultieren.

REGISTER

Die halbfett gesetzten Seitenzahlen verweisen auf Farbfotos und Zeichnungen.

Reifer Mais ist ein ganz besonderer Knabberspaß für Rennmäuse.

Fragen zur Rennmaushaltung beantworten auch

Ihr Zoofachhändler und der Zentralverband Zoologischer Fachbetriebe Deutschland e. V., D-63225 Langen, Tel. 0 61 03/91 07 32 (nur telefonische Auskunft möglich)

Bücher, die weiterhelfen

(falls nicht im Buchhandel, dann in Bibliotheken erhältlich)

- Benel G.: Vererbung, Albrecht Philler Verlag, Minden 1969.
- Leibenguth: Züchtungsgenetik. Georg Thieme Verlag, Stuttgart 1982.

Zeitschriften, die weiterhelfen

Das Tier. Hallwag Verlag, Brunnwiesenstraße 23, D-73760 Ostfildern

Geflügel-Börse. Verlag Jürgens KG, Industriestraße 13, D-82110 Germering

Der Autor

Engelbert Kötter hält und züchtet seit vielen Jahren Rennmäuse. Er hat schon viele Rennmausfreunde beraten. Dies ist sein zweiter Ratgeber zum Thema Rennmäuse.

Die Fotografin

Christine Steimer arbeitet seit 1985 als freie Fotografin. Sie hat sich 1989 auf Tierfotografie spezialisiert und ist seitdem für die Zeitschrift »Das Tier« tätig.

Der Mitarbeiter

Ehrenfried Ehrenstein lernte den Autor während seines Studiums der Gartenbauwissenschaften in Weihenstephan kennen. Bereits 1985 begannen er und der Autor Rennmäuse systematisch zu züchten.

Dank

Autor und Verlag danken Frau Vera Brückmann für die Möglichkeit, die neuesten Farbvarianten von Rennmäusen in diesem Buch vorzustellen.

Die Zeichnerin

Renate Holzner arbeitet als freie Illustratorin. Ihr breites Repertoire reicht von Strichzeichnungen über fotorealistische Illustrationen bis hin zur Computergrafik.

Fotos: Buchumschlag und Innenteil

Umschlagvorderseite: Rennmäuse sollten nie einzeln gehalten werden. Selbst, wenn man ihnen noch soviel Zeit widmet, kann man ihnen den Artgenossen nicht ersetzen (großes Foto), Rennmäuse brauchen einen geräumigen Käfig (kleines Foto).
Umschlagrückseite: Mit der halben Tomate wird die Rennmaus kaum fertig. Ein kleines Stück davon ist für sie ausreichend.
Seite 1: Mit ihren großen Knopfaugen und ihrem hübschen Fell haben Rennmäuse schnell die Herzen vieler Heimtierfreunde erobert.
Seite 2/3: Eine Rennmaus-Mutter mit ihren Jungen.
Seite 4/5: Rennmäuse brauchen unbedingt den Kontakt zu Artgenossen.
Seite 6/7: Knapp drei Wochen nach der Geburt öffnen die Jungen ihre Augen.
Seite 64: Da Rennmäuse besonders neugierig sind, wird alles Neue im Käfig sofort erkundet.

An unsere Leserinnen und Leser

Wir freuen uns, Ihre Meinung zu diesem TierRatgeber zu erfahren. Bitte schreiben Sie uns, wenn Sie Berichtigungen und Ergänzungsvorschläge haben oder wenn Ihnen etwas besonders gut gefällt.

Gräfe und Unzer Verlag
Redaktion Natur
Stichwort: TierRatgeber
Postfach 86 03 66
D-81630 München

Impressum

Redaktion:
Gabriele Linke-Grün,
Anita Zellner
Umschlaggestaltung und Layout:
Heinz Kraxenberger
Zeichnungen:
Renate Holzner
Herstellung: Heide Blut/
Susanne Mühldorfer
Satz: Heide Blut
Reproduktion:
Fotolito Longo
Druck und Bindung:
Stürtz

ISBN 3-7742-3141-9

Auflage 4. 3. 2. 1.
Jahr 2000 99 98

Wichtige Hinweise

In diesem Buch geht es um die Haltung und Pflege von Rennmäusen. Durch unsaubere Haltung können Rennmäuse von Hautpilzen befallen werden, die auf Menschen übertragbar sind (→ Seite 55). Gehen Sie mit dem erkrankten Tier sofort zum Tierarzt, und suchen Sie selbst beim geringsten Verdacht einen Arzt auf. Achten Sie beim Kauf der Tiere unbedingt auf die Anzeichen einer Hautpilzerkrankung.
Rennmäuse sind Nagetiere, die beim (notwendigen, regelmäßigen) Auslauf in der Wohnung unbedingt beaufsichtigt werden müssen. Um lebensgefährliche Stromunfälle zu verhindern, achten Sie vor allem darauf, daß die Rennmäuse keine Stromleitungen benagen. Es gibt Menschen, die allergisch auf Tierhaare reagieren. Fragen Sie im Zweifelsfall vor der Anschaffung Ihren Arzt.

EXPERTEN-RAT

1 Ist der Pflegeaufwand für Rennmäuse im Gegensatz zu anderen Heimtieren größer?

Rennmäuse sind vergleichsweise einfach zu pflegen. Der tägliche Zeitaufwand beträgt nicht mehr als 30 bis 60 Minuten.

2 Fühlt sich eine Rennmaus auch wohl, wenn sie einzeln gehalten wird?

Nein, für das Wohlbefinden der Tiere ist es besser, mindestens zwei Rennmäuse zusammen zu halten.

3 Können einander fremde Rennmäuse aneinander gewöhnt werden?

Grundsätzlich ja, wenn man dabei einige Regeln beachtet (→ Seite 11). Manchmal mißlingt das Zusammengewöhnen jedoch.

4 Werden Rennmäuse zahm, auch wenn man mehrere Tiere gleichzeitig hält?

Wenn Sie täglich Kontakt zu Ihren Tieren haben, können Sie erreichen, daß die Rennmäuse handzahm werden.

5 Brauchen Rennmäuse unbedingt Auslauf in der Wohnung?

Ja. Selbst der größte Käfig ist zu klein für das Bewegungsbedürfnis dieser Nager.

Der Experte gibt Antwort auf die 10 häufigsten Fragen zur Rennmaus-Haltung.